AF305469

à André GÉDALGE

PAUL ROUGNON

PROFESSEUR AU CONSERVATOIRE

Le Rythme
& la Mesure

TRAITÉ COMPLET

Théorique, Analytique & Pratique

1re PARTIE.   Barres de mesures à indiquer par l'élève.
              1re Série : Mesures incomplètes à compléter.
              2e   Composition de mesures avec un nombre de notes déterminé.
2e PARTIE   3e   Mesures incorrectes à corriger.
              4e   Chiffres indicateurs à trouver par l'élève.
              5e   Plusieurs chiffrages pour une même mesure.

Prix net : 6 fr.

Price : 5 - net

PARIS
ENOCH & Cie, ÉDITEURS DE MUSIQUE
27, Boulevard des Italiens
LONDON : Enoch & Sons. — BRUNSWICK : Henry Litolff's Verlag.
Tous droits d'édition, de reproduction et de traduction réservés pour tous pays.

Le Rythme et la Mesure

PAUL ROUGNON

PROFESSEUR AU CONSERVATOIRE

Le Rythme & la Mesure

TRAITÉ COMPLET

Théorique, Analytique & Pratique

<table>
<tr><td>1 PARTIE</td><td colspan="2">Barres de mesures à indiquer par l'élève.</td></tr>
<tr><td rowspan="5">2 PARTIE</td><td>1 Série : Mesures incomplètes à compléter.</td></tr>
</table>

1re PARTIE . . . Barres de mesures à indiquer par l'élève.

2e PARTIE
- 1re Série : Mesures incomplètes à compléter.
- 2e — Composition de mesures avec un nombre de notes déterminé.
- 3e — Mesures incorrectes à corriger.
- 4e — Chiffres indicateurs à trouver par l'élève.
- 5e — Plusieurs chiffrages pour une même mesure.

Prix net : 6 fr.   Price : 5/- net

PARIS

ENOCH & Cie, ÉDITEURS DE MUSIQUE

27, Boulevard des Italiens

LONDON : Enoch & Sons. — BRUNSWICK : Henry Litolff's Verlag

Tous droits d'édition, de reproduction et de traduction réservés pour tous pays

PRÉFACE

Il m'a fallu la conviction d'être réellement utile à l'enseignement de mon art, pour me décider à entreprendre cet ouvrage et à le poursuivre jusqu'à la fin, au prix de bien des fatigues, pour une imagination habituellement occupée à des travaux de composition d'un tout autre ordre d'idées...

Le but de ce traité est d'initier rapidement l'élève à tous les procédés rythmiques, en le forçant à les analyser.

J'ai toujours obtenu les plus sérieux résultats, pour les progrès de mes élèves, dans la classe de solfège que je dirige au Conservatoire de musique de Paris, en leur faisant écrire de nombreux et fréquents exercices rythmiques. C'est ce qui m'a décidé à coordonner les leçons éparses distribuées à mes cours, à les réunir d'après un plan méthodique, patiemment étudié et longuement éprouvé, et à en former ce traité complet du rythme et de la mesure.

Je souhaite vivement que cet ouvrage d'une forme nouvelle et le plus complet, je crois, qui existe en ce genre, puisse aider MM. les professeurs dans la tâche de l'enseignement, tâche difficile quelquefois, si aride même, mais toujours si noble et si élevée.

PAUL ROUGNON

AVIS ESSENTIEL

Manière de travailler la première partie de ce traité

1°.— L'élève devra trouver la somme de valeurs que contient chaque mesure et ajouter les barres de mesures qui manquent

2°.— Il devra lire avec le plus grand soin les quelques lignes analytiques qui précèdent tous les exercices.

3°.— Après avoir mis toutes les barres de mesures, l'élève devra solfier ces rythmes sur une note quelconque (la note *la*, par exemple) et battre la mesure avec la main.

4°.— Au sujet de l'exécution matérielle du travail, je conseille deux manières de procéder:

La première manière consistera à copier chaque exercice et à mettre sur la copie les barres de mesures manquant sur le livre. L'élève devra copier le devoir avec la plus grande attention, car la plus petite erreur de copie pourrait rendre la réalisation du travail impossible.

La seconde manière de procéder consistera à placer une feuille de papier à décalquer très transparente sur la page du devoir et à indiquer sur cette feuille, au moyen d'un crayon, les barres de mesures séparant chaque mesure des devoirs.

PREMIÈRE PARTIE

CHAPITRE I

Etude des mesures simples dont chaque temps est représenté par la valeur d'une noire

On appelle mesure simple une mesure dont chaque temps est formé de valeurs simples, divisibles par deux ou binaires.

Les mesures simples dont chaque temps est représenté par la valeur d'une noire (un quart de ronde) sont les mesures à $\frac{2}{4}$, à $\frac{3}{4}$ et à $\frac{4}{4}$.

§ 1. — Etude des valeurs de notes dans les mesures simples dont chaque temps est représenté par la valeur d'une noire.

Je rappelle que dans tout le cours de cet ouvrage, le travail consiste à indiquer les barres de mesures qui manquent et à trouver pour chaque mesure la somme de valeurs qu'elle doit contenir.

ETUDE DE LA MESURE A $\frac{4}{4}$ (ou C)
(dite mesure à 4 temps)

Cette mesure contient quatre fois la quatrième partie de la ronde, c'est-à-dire la valeur de quatre noires puisque la ronde vaut quatre noires. On a pour chaque temps dans la mesure à $\frac{4}{4}$ (ou C) la valeur d'une noire.

ETUDE DES VALEURS DE NOTES DANS LA MESURE A $\frac{4}{4}$ (ou C)

Etude de la ronde: Dans la mesure à $\frac{4}{4}$ (ou C) la ronde vaut quatre temps et occupe une mesure entière.

Etude de la blanche: Dans la mesure à $\frac{4}{4}$ (ou C) la blanche vaut deux temps.

Mélanges de rondes et de blanches

Étude de la noire: Dans la mesure à $\frac{4}{4}$ (ou C) la noire vaut un temps.

Mélanges de rondes, de blanches et de noires.

Étude de la croche: Dans la mesure à $\frac{4}{4}$ (ou C) la croche vaut la moitié d'un temps. Il faut donc la valeur de deux croches pour chaque temps.

Mélange de noires et de croches.

Mélange de rondes, de blanches, de noires et de croches.

Étude de la double croche: Dans les mesures dont chaque temps est représenté par la valeur d'une noire, la double croche vaut un quart de temps. Il faut donc la valeur de quatre doubles croches pour chaque temps.

Mélanges de doubles croches et de croches.

Mélanges de doubles croches et de noires.

Mélanges de doubles croches et de blanches.

Mélanges de doubles croches, de croches, de noires, de blanches et de rondes.

Étude de la triple croche: Dans les mesures dont chaque temps est représenté par la valeur d'une noire, la triple croche vaut la huitième partie du temps, puisque la noire vaut huit triples croches. Il faut donc la valeur de huit triples croches pour un temps.

Mélanges de triples croches et de blanches.

Mélanges de triples croches et de noires.

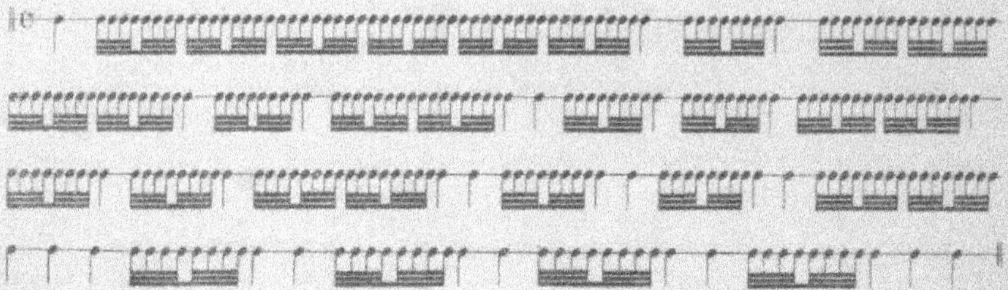

Mélanges de triples croches et de croches.

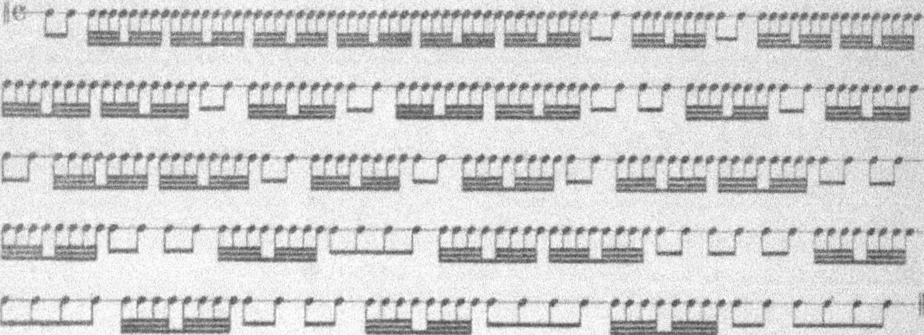

Mélanges de triples croches et de doubles croches.

Mélanges de rondes, de blanches, de noires, de croches, de doubles et de triples croches.

Étude de la quadruple croche. Dans les mesures simples dont chaque temps est représenté par la valeur d'une noire, la quadruple croche vaut la seizième partie d'un temps, puisque la noire vaut seize quadruples croches.

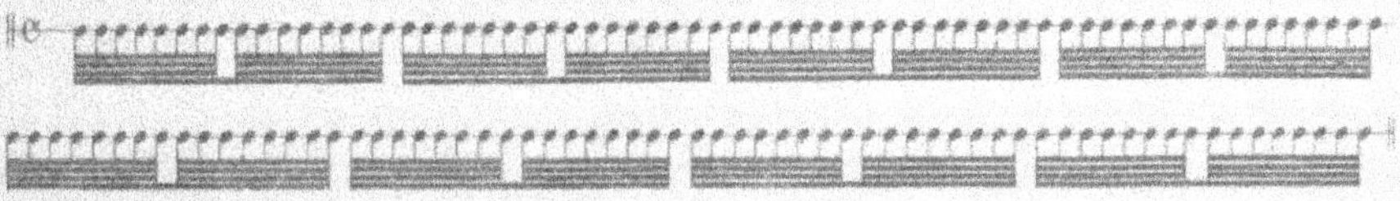

Mélanges de quadruples croches et de blanches.

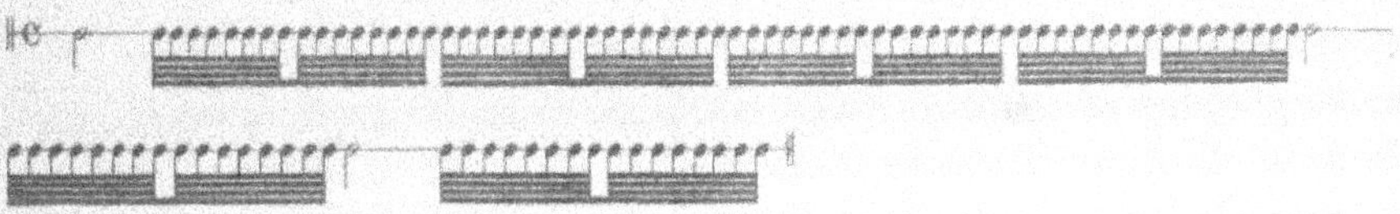

Mélanges de quadruples croches et de noires.

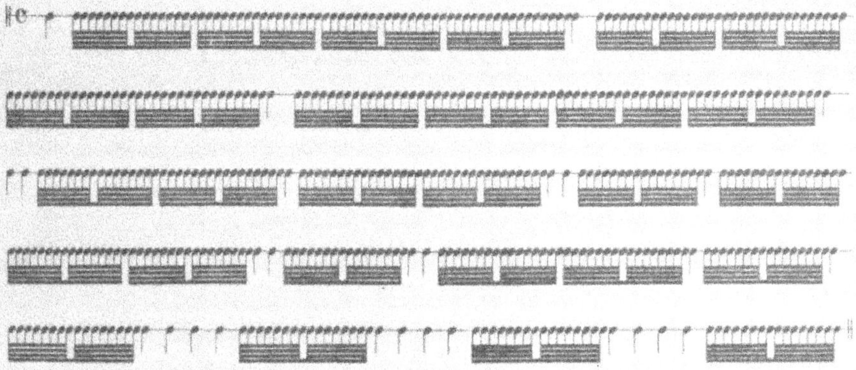

Mélanges de quadruples croches et de croches.

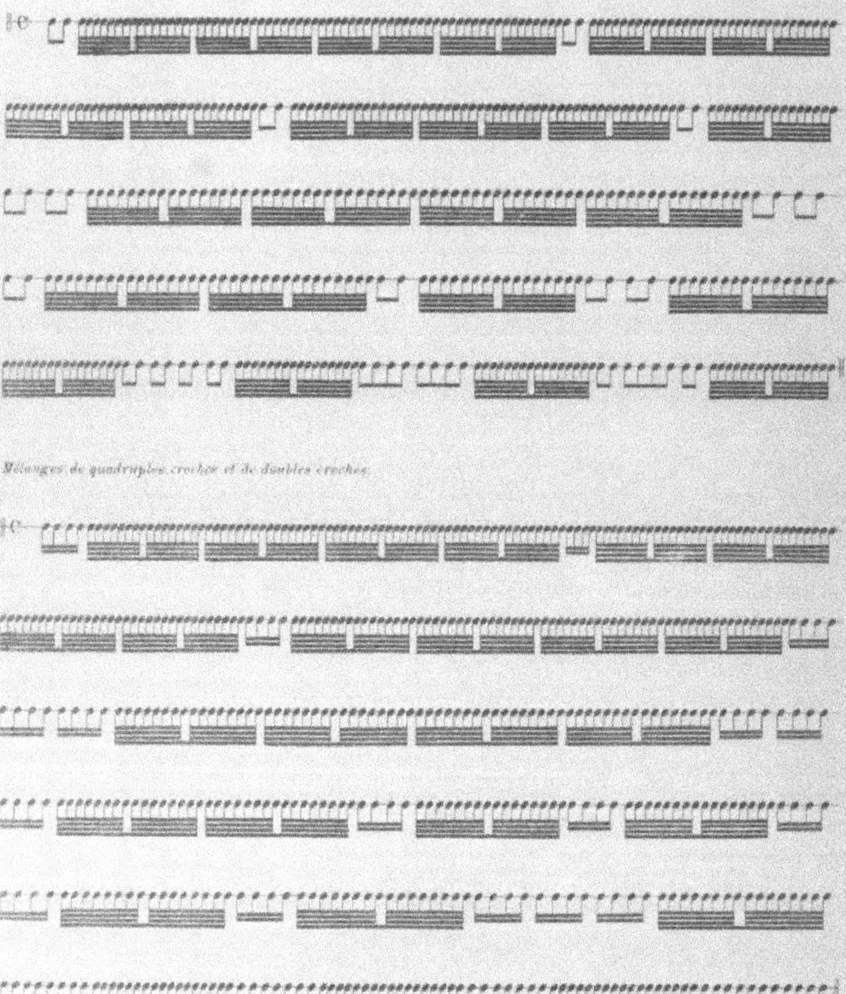

Mélanges de quadruples croches et de doubles croches.

Mélanges de quadruples croches et de triples croches.

Mélanges de rondes, de blanches, de noires, de croches, de doubles, de triples et de quadruples croches.

10

§ 2.—Étude des différentes valeurs de notes combinées ensemble pour la formation d'un temps dans la mesure à ¾ ou C.

1.—Combinaisons d'une ♪ et de deux ♫ pour chaque temps se présentant de différentes manières.

2.—Combinaisons d'une ♪ et de quatre ♪ pour chaque temps se présentant de différentes manières.

3.—Combinaisons d'une ♪, d'une ♪ et de deux ♪ pour chaque temps se présentant de différentes manières.

4.—Combinaisons d'une ♪ et de huit ♪ pour chaque temps se présentant de différentes manières.

5.—Combinaisons d'une ♪ d'une ♪ et de quatre ♪ pour chaque temps se présentant de différentes manières.

6.—Combinaisons d'une ♪ de deux ♪ et de quatre ♪ pour chaque temps se présentant de différentes manières.

7.—Combinaisons d'une ♪ d'une ♪ d'une ♪ et deux ♪ pour chaque temps se présentant de différentes manières.

8.—Combinaisons de deux ♪ et quatre ♪ pour chaque temps se présentant de différentes manières.

9.—Combinaisons de trois ♪ et deux ♪ pour chaque temps se présentant de différentes manières.

10.—Combinaisons de deux ♪ et huit ♪ pour chaque temps se présentant de différentes manières.

11.—Combinaisons de trois ♪ et quatre ♪ pour chaque temps se présentant de différentes manières.

12.—Combinaisons de quatre ♪ et huit ♪ pour chaque temps se présentant de différentes manières.

§ 3.— Etude des silences dans les mesures simples dont chaque temps est représenté par la valeur d'une noire.

MESURE A $\frac{4}{4}$ ou C (à 4 temps)

Etude de la pause: La pause, silence de la ronde, vaut comme elle quatre temps dans les mesures dont chaque temps est représenté par la valeur d'une noire.

Etude de la demi-pause: La demi-pause, silence de la blanche, vaut comme elle deux temps dans les mesures dont chaque temps est représenté par la valeur d'une noire.

Etude du soupir: Le soupir, silence de la noire, vaut comme elle un temps dans les mesures dont chaque temps est représenté par la valeur d'une noire.

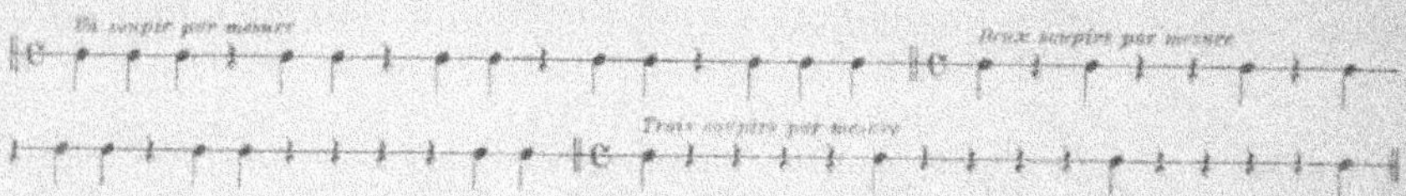

Etude du demi-soupir: Le demi-soupir, silence de la croche, vaut comme elle la moitié d'un temps dans les mesures dont chaque temps est représenté par la valeur d'une noire. Il est toujours combiné avec d'autres valeurs pour la formation d'un temps.

1.— Combinaisons d'une ♪ et d'un ⁊ pour chaque temps pouvant se présenter de différentes manières.

2.— Combinaisons de deux ♪ et d'un ⁊ pour chaque temps pouvant se présenter de différentes manières.

3.— Combinaisons d'une ♪, de deux ♪ et d'un ⁊ pour chaque temps pouvant se présenter de différentes manières.

4.— Combinaisons d'une ♪, de quatre ♪ et d'un ⁊ pour chaque temps pouvant se présenter de différentes manières.

5.—Combinaisons d'une ♪, d'une ♪, de deux ♪ et d'un 𝄾 pour chaque temps se présentant de différentes manières.

6.—Combinaisons de deux ♪, de quatre ♪ et d'un 𝄾 pour chaque temps se présentant de différentes manières.

Combinaisons rythmiques dans lesquelles chaque mesure à quatre temps ne contient qu'un demi-soupir.— Mélanges dans la même mesure de tous les silences déjà connus.

Combinaisons dans lesquelles chaque mesure à quatre temps contient deux 𝄾.

Combinaisons dans lesquelles chaque mesure à quatre temps contient trois 𝄾.

Combinaisons dans lesquelles chaque mesure à quatre temps contient quatre 𝄾.

Étude du quart de soupir: Le quart de soupir, silence de la double croche, vaut comme elle le quart d'un temps dans les mesures simples dont chaque temps est représenté par la valeur d'une noire. Il est toujours combiné avec d'autres valeurs pour la formation d'un temps.

1º. _ Combinaisons de trois ♪ et un ♩ pour un temps pouvant se présenter de différentes manières.

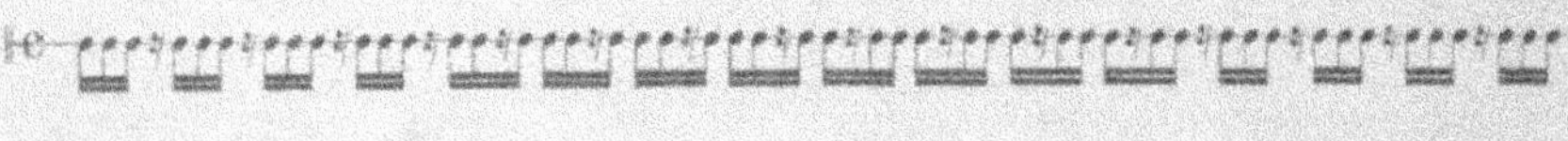

2º. _ Combinaisons de: une ♪, une ♪ et un ♩ pour un temps pouvant se présenter de différentes manières.

3º. _ Combinaisons de: une ♪, un ♩ et deux ♪ pour un temps pouvant se présenter de différentes manières.

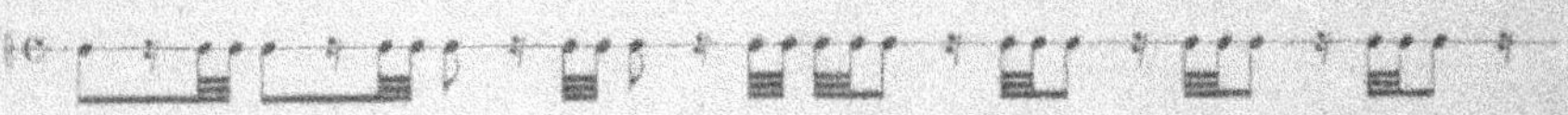

4º. _ Combinaisons de: une ♪, un ♩ et quatre ♪ pour un temps pouvant se présenter de différentes manières.

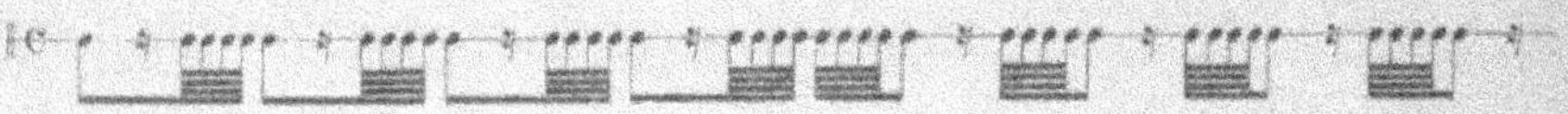

5º. _ Combinaisons de: une ♪, un ♩ et un ♩ pour un temps pouvant se présenter de différentes manières.

6º. _ Combinaisons de: deux ♪ et de deux ♩ pour un temps pouvant se présenter de différentes manières.

Combinaisons rythmiques dans lesquelles chaque mesure à quatre temps ne contient qu'un quart de soupir. Mélanges de toutes les valeurs et de tous les silences connus.

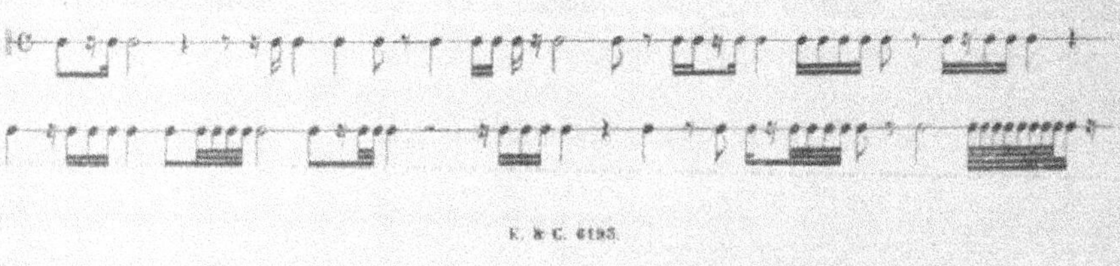

Combinaisons de deux ♩ par mesure.

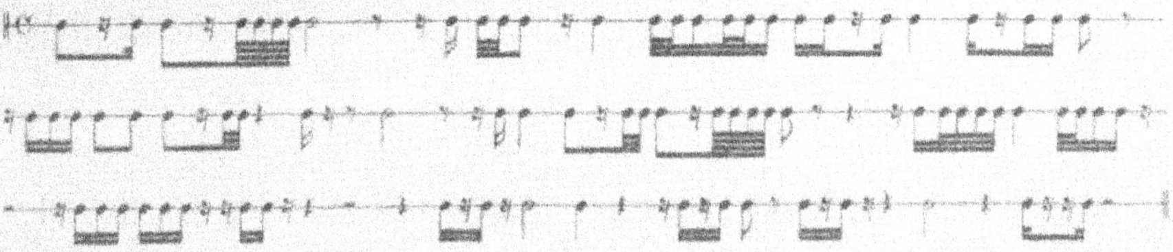

Combinaisons de trois ♩ par mesure.

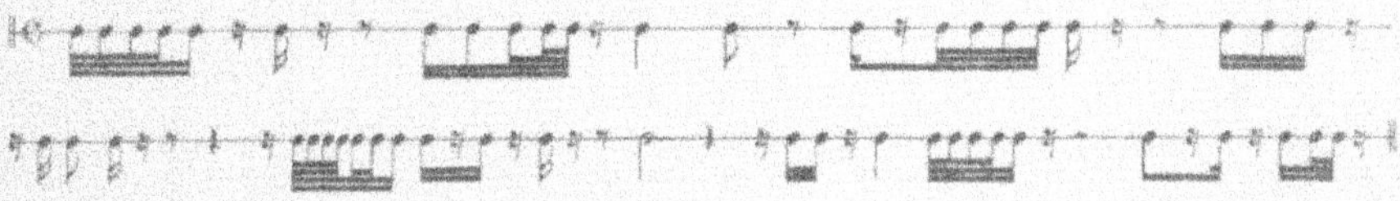

Combinaisons de quatre ♩ par mesure.

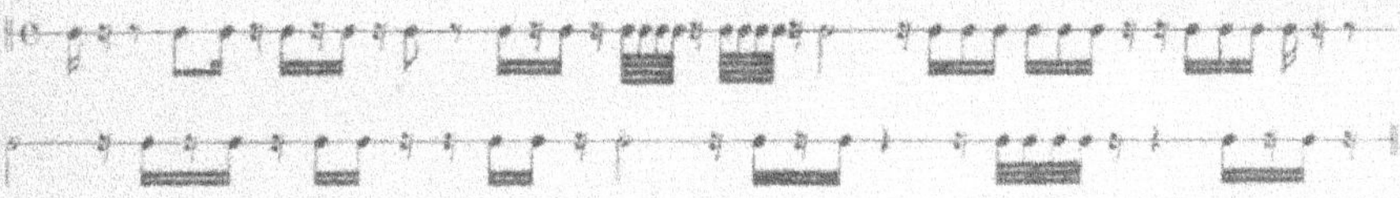

Combinaisons de cinq ♩ par mesure.

Combinaisons de six ♩ par mesure.

Combinaisons de sept ♩ par mesure.

Combinaisons de huit ♩ par mesure.

16

Étude du huitième de soupir. Le huitième de soupir, silence de la triple croche, vaut comme elle le huitième partie
d'un temps dans les mesures simples dont chaque temps est représenté par la valeur
d'une noire. Il est toujours combiné avec d'autres valeurs pour la formation d'un temps.

Combinaisons rythmiques dans lesquelles il entre un 𝄾 dans chaque temps et sept ♪.

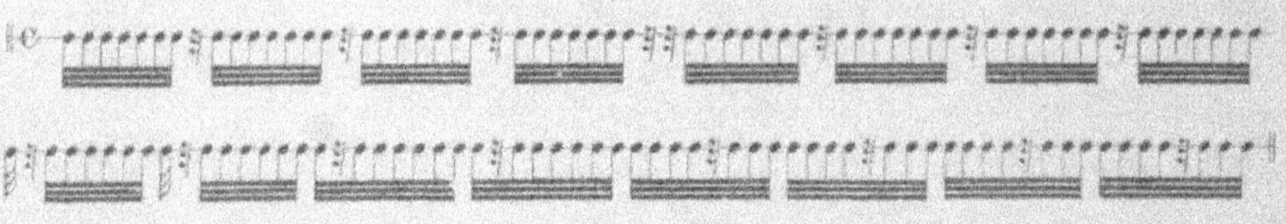

Combinaisons dans lesquelles il entre deux 𝄾 dans chaque temps et six ♪.

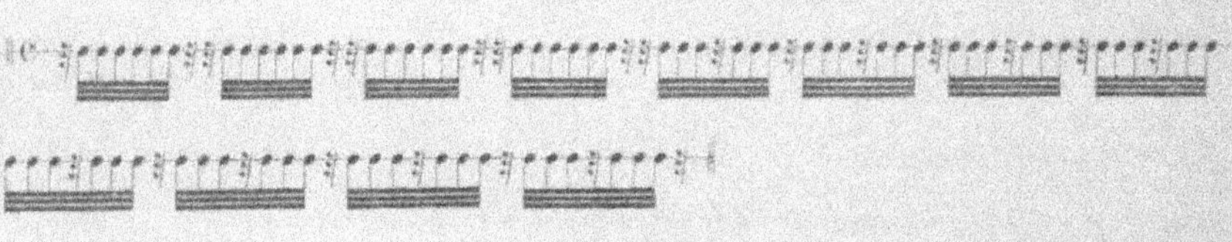

Combinaisons dans lesquelles il entre trois 𝄾 dans chaque temps et cinq ♪.

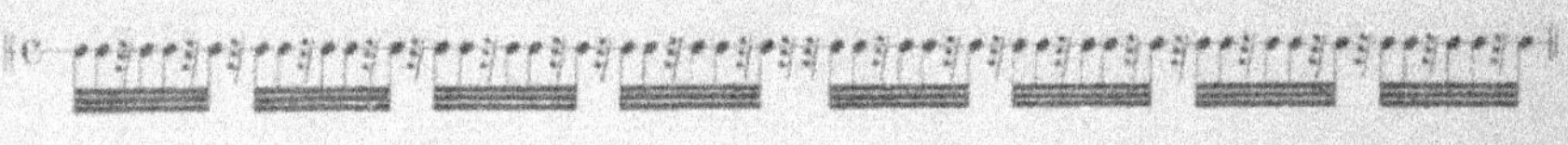

Combinaisons dans lesquelles il entre quatre 𝄾 dans chaque temps et quatre ♪.

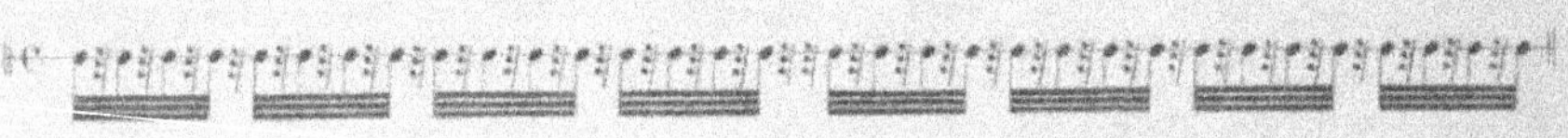

Combinaisons rythmiques dans lesquelles le 𝄾 est combiné avec différentes valeurs pour la formation d'un temps.

Combinaisons de: une ♪, un 𝄾, un 𝄾 et une ♪ pour chaque temps se présentant de différentes manières.

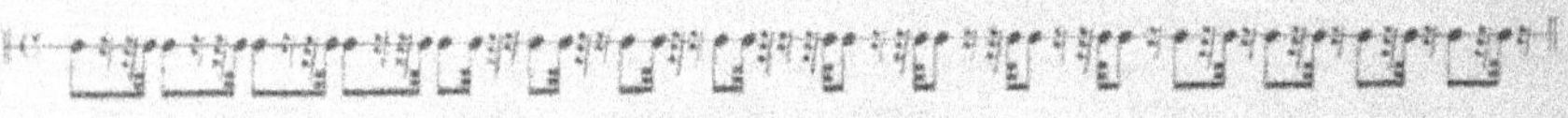

Combinaisons de: une ♪, un 𝄾, un 𝄾 et une ♪ pour chaque temps se présentant de différentes manières.

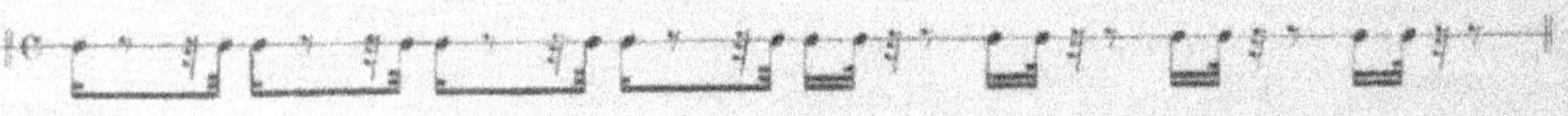

Combinaisons de: deux ♪, un ♩, une ♪ et un 𝄽 pour chaque temps se présentant de différentes manières.

Combinaisons de: trois ♪, une ♪ et un 𝄽 pour chaque temps se présentant de différentes manières.

Combinaisons de: cinq ♪, une ♪ et un 𝄽 pour chaque temps se présentant de différentes manières.

Combinaisons de: trois ♪, une ♪, un 𝄽 et un 𝄽 pour chaque temps se présentant de différentes manières.

Combinaisons de: deux ♪, deux ♪ et deux 𝄽 pour chaque temps se présentant de différentes manières.

Combinaisons de: une ♪, deux ♪ et deux 𝄽 pour chaque temps se présentant de différentes manières.

RÉSUMÉ DE TOUT CE QUI PRÉCÈDE

Combinaisons rythmiques dans lesquelles chaque mesure contient un ♩.

Combinaisons dans lesquelles chaque mesure contient deux ♩.

Combinaisons dans lesquelles chaque mesure contient trois ♩.

Combinaisons dans lesquelles chaque mesure contient quatre ♩.

Combinaisons dans lesquelles chaque mesure contient cinq ♩.

Combinaisons dans lesquelles chaque mesure contient six ♩.

Combinaisons dans lesquelles chaque mesure contient sept ♩.

Combinaisons dans lesquelles chaque mesure contient huit ♩.

Combinaisons dans lesquelles chaque mesure contient neuf $\frac{}{}$.

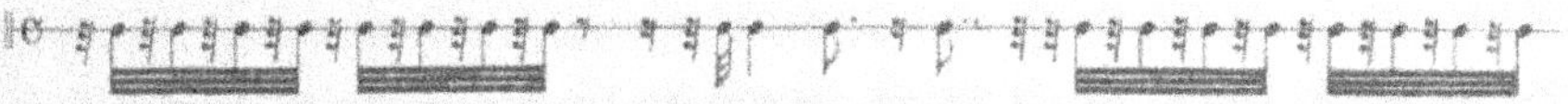

Combinaisons dans lesquelles chaque mesure contient dix $\frac{}{}$.

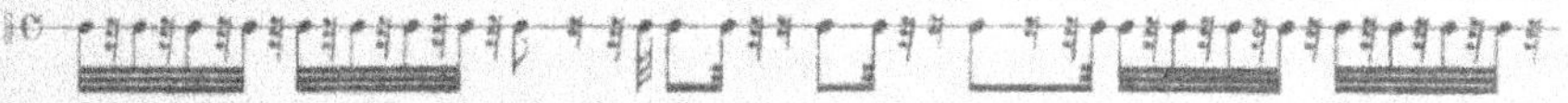

Combinaisons dans lesquelles chaque mesure contient onze $\frac{}{}$.

Combinaisons dans lesquelles chaque mesure contient douze $\frac{}{}$.

Combinaisons dans lesquelles chaque mesure contient treize $\frac{}{}$.

Combinaisons dans lesquelles chaque mesure contient quatorze $\frac{}{}$.

Combinaisons dans lesquelles chaque mesure contient quinze $\frac{}{}$.

Combinaisons dans lesquelles chaque mesure contient seize $\frac{}{}$.

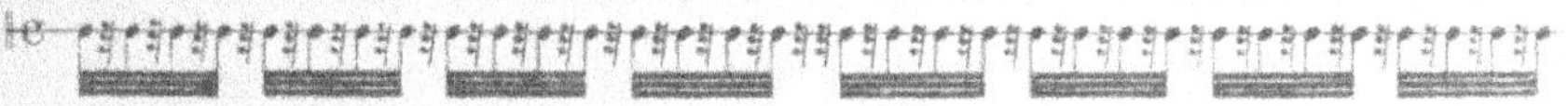

Étude du seizième de soupir: Le seizième de soupir, silence de la quadruple croche, vaut comme elle la seizième partie d'un temps dans les mesures dont chaque temps est représenté par la valeur d'une noire. Il est toujours combiné avec d'autres valeurs pour la formation d'un temps.

Combinaisons dans lesquelles chaque temps contient un 𝄿 et quinze ♪ pouvant se présenter de différentes manières.

Combinaisons dans lesquelles chaque temps contient deux 𝄿 et quatorze ♪ pouvant se présenter de différentes manières

Combinaisons dans lesquelles chaque temps contient trois 𝄿 et treize ♪ pouvant se présenter de différentes manières.

Combinaisons dans lesquelles chaque temps contient quatre 𝄿 et douze ♪ pouvant se présenter de différentes manières

Combinaisons dans lesquelles chaque temps contient cinq 𝄿 et onze ♪ pouvant se présenter de différentes manières.

Combinaisons dans lesquelles chaque temps contient six 𝄿 et dix ♪ pouvant se présenter de différentes manières.

Combinaisons dans lesquelles chaque temps contient sept ♪ et neuf ♪ pouvant se présenter de différentes manières.

Combinaisons dans lesquelles chaque temps contient huit ♪ et huit ♪ pouvant se présenter de différentes manières.

Combinaisons rythmiques dans lesquelles le ♪ se combine avec différentes valeurs de notes ou différents silences pour la formation d'un temps.

Combinaisons dans lesquelles chaque temps est formé de: une ♪, un ♪, un ♪ et une ♪ pouvant se présenter de différ. manières.

Combinaisons dans lesquelles chaque temps est formé de: une ♪, un ♪, une ♪, une ♪ et une ♪ pouvant se présenter de diff. manières.

Combinaisons dans lesquelles chaque temps est formé de trois ♪, un ♪, un ♪ et une ♪ pouvant se présenter de différentes manières.

Combinaisons dans lesquelles chaque temps est formé de quatre ♪, quatre ♪ et quatre ♪ pouvant se présenter de différ. manières.

Combinaisons dans lesquelles chaque temps est formé de quatre ♪, six ♪ et deux ♪ pouvant se présenter de différentes manières.

Combinaisons dans lesquelles chaque temps est formé de sept ♪, une ♪ et un ♪ pouvant se présenter de différentes manières.

Combinaison dans laquelle chaque temps est formé de: quatre ♪, quatre ♪ et quatre ♪ pouvant se présenter de différ. manières.

§ 4 — Étude du point dans la mesure à quatre temps ($\frac{4}{4}$).

Le point augmente la note après laquelle il est placé de la moitié de sa valeur.

Étude de la blanche pointée: Dans les mesures simples dont chaque temps est représenté par la valeur d'une noire, la blanche pointée vaut trois temps et le point placé après la blanche vaut un temps.

Dans la mesure à quatre temps, la blanche pointée vaut trois temps et le quatrième temps est occupé par différentes combinaisons rythmiques.

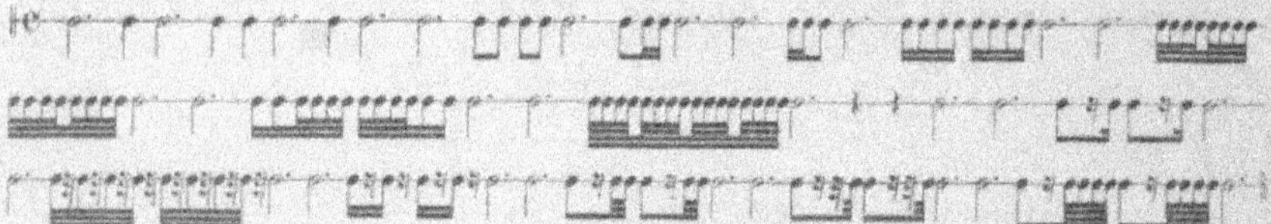

Étude de la noire pointée: Dans les mesures simples dont chaque temps est représenté par la valeur d'une noire, la noire pointée vaut un temps et un demi temps, le point après la noire ne valant qu'un demi temps est toujours combiné avec d'autres valeurs pour la formation d'un temps entier. Le point après la noire a la même valeur que la croche.

Étude des différentes combinaisons rythmiques que l'on peut employer pour occuper la seconde moitié d'un temps dont la première moitié est occupée par le point placé après la noire.

Étude de la croche pointée: Dans les mesures simples dont chaque temps est représenté par la valeur d'une noire, la croche pointée vaut la moitié et le quart d'un temps, c'est-à-dire les trois quarts d'un temps. Le point après la croche a la même valeur qu'une double croche et occupe comme elle le quart d'un temps.

Étude des différentes combinaisons rythmiques que l'on peut employer pour occuper le quatrième quart d'un temps dont la croche pointée occupe déjà trois quarts.

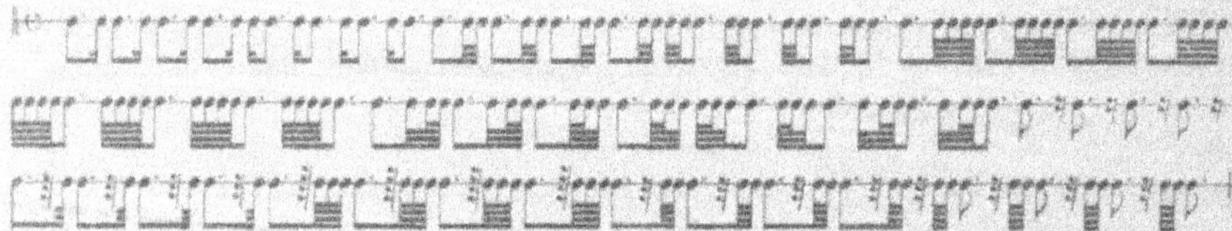

Étude de la double croche pointée: Dans les mesures simples dont chaque temps est représenté par la valeur d'une noire, la double croche pointée vaut le quart et le huitième d'un temps, c'est-à-dire les trois huitièmes d'un temps. Le point après la double croche a la même valeur qu'une triple croche et occupe comme elle la huitième partie d'un temps.

Combinaisons donnant une ♪. par temps.

Combinaisons donnant deux ♪. par temps.

Étude de la triple croche pointée: Dans les mesures simples dont chaque temps est représenté par la valeur d'une noire, la triple croche pointée vaut le huitième et le seizième partie d'un temps, c'est-à-dire les trois seizièmes d'un temps. Le point après la triple croche a la même valeur qu'une quadruple croche et occupe comme elle la seizième partie d'un temps.

Combinaisons donnant une ♪. par temps.

Combinaisons donnant deux ♪. par temps.

Combinaisons donnant trois ♪. par temps.

Combinaisons donnant quatre ♪. par temps.

45.— Etude du point après les silences dans la mesure à quatre temps (C).

Etude du soupir pointé: Le soupir pointé a la valeur d'une noire et d'une croche. Le point après le soupir occupe, dans les mesures simples dont chaque temps est représenté par la valeur d'une noire, la moitié d'un temps. L'autre moitié est occupée par des combinaisons de valeurs de différentes espèces.

Combinaisons rythmiques donnant un ♪ par mesure.

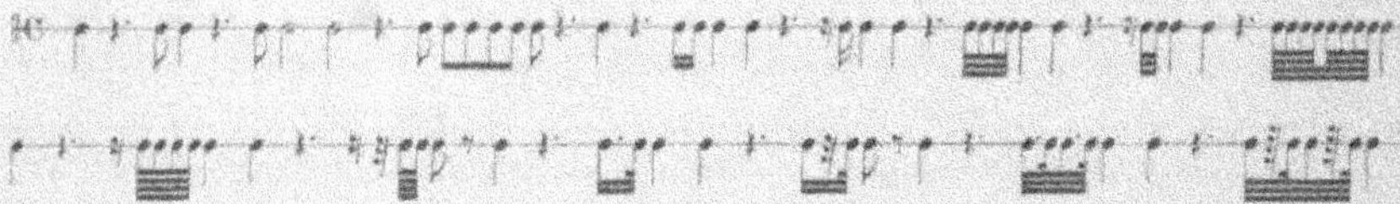

Combinaisons rythmiques donnant deux ♪ par mesure.

Etude du demi soupir pointé: Le demi soupir pointé a la valeur d'une croche et d'une double croche. Le point après le demi soupir occupe, dans les mesures simples dont chaque temps est représenté par la valeur d'une noire, le quart d'un temps.

Combinaisons rythmiques donnant un ♪ par mesure.

Combinaisons rythmiques donnant deux ♪ par mesure.

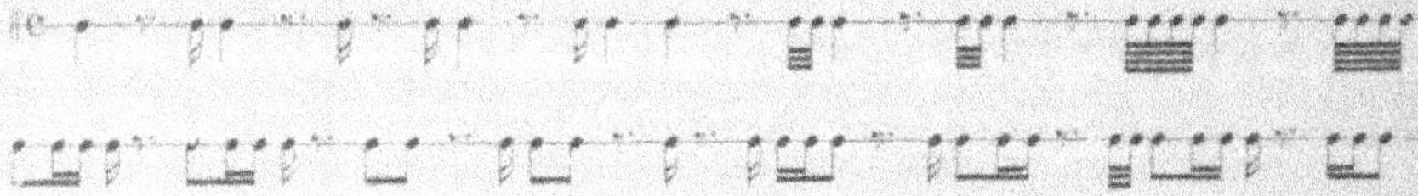

Combinaisons rythmiques donnant trois ♪ par mesure.

Combinaisons rythmiques donnant quatre ♪ par mesure.

Étude du quart de soupir pointé. Le quart de soupir pointé a la valeur d'une double croche et d'une triple croche. Le point après le quart de soupir occupe la huitième partie d'un temps dans les mesures simples dont chaque temps est représenté par la valeur d'une noire.

Combinaisons rythmiques donnant un ♪· par mesure.

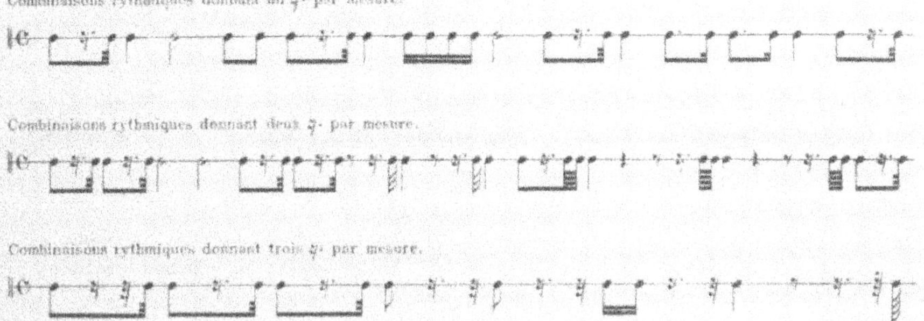

Combinaisons rythmiques donnant deux ♪· par mesure.

Combinaisons rythmiques donnant trois ♪· par mesure.

Combinaisons rythmiques donnant quatre ♪· par mesure.

Étude du huitième de soupir pointé. Le huitième de soupir pointé a la valeur d'une triple croche et d'une quadruple croche. Le point après le huitième de soupir occupe la seizième partie d'un temps dans les mesures simples dont chaque temps est représenté par la valeur d'une noire.

Combinaisons rythmiques donnant un ♪· par mesure.

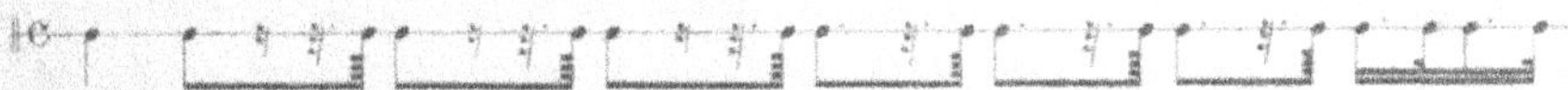

Combinaisons rythmiques donnant deux ♪· par mesure.

Combinaisons rythmiques donnant trois ♪· par mesure.

Combinaisons rythmiques donnant quatre ♪· par mesure.

Combinaisons rythmiques donnant cinq ♪ par mesure.

Combinaisons rythmiques donnant six ♪ par mesure.

Combinaisons rythmiques donnant sept ♪ par mesure.

Combinaisons rythmiques donnant huit ♪ par mesure.

RÉSUMÉ DE TOUT CE QUI PRÉCÈDE SUR LE POINT

Combinaisons rythmiques donnant dans la même mesure des valeurs de notes pointées et des silences pointés de différentes espèces.

§ 6.— Etude du double point.

Les valeurs de notes ainsi que les silences peuvent être doublement pointés, c'est-à-dire suivis de deux points. Le second point vaut alors la moitié du premier.

Etude de la blanche *doublement pointée:* Les deux points placés après la blanche ont la valeur d'une noire et d'une croche. Dans la mesure à quatre temps (C) la blanche doublement pointée occupe trois temps et la moitié du quatrième temps.

Etude de la noire *doublement pointée:* Les deux points placés après la noire ont la valeur d'une croche et d'une double croche. Dans les mesures simples dont chaque temps est représenté par la valeur d'une noire, la noire doublement pointée occupe un temps, une moitié et un quart de temps.

Etude de la croche *doublement pointée:* Les deux points placés après la croche ont la valeur d'une double croche et d'une triple croche. Dans les mesures simples dont chaque temps est représenté par la valeur d'une noire, la croche doublement pointée occupe la moitié, un quart et un huitième de temps.

Etude de la double croche *doublement pointée:* Les deux points placés après la double croche ont la valeur d'une triple croche et d'une quadruple croche. Dans les mesures simples dont chaque temps est représenté par la valeur d'une noire, la double croche doublement pointée occupe un quart, un huitième et un seizième de temps.

Etude des silences doublement pointés dans la mesure à quatre temps (C)

Etude du soupir *doublement pointé:* Le soupir doublement pointé a la même valeur que la noire doublement pointée. Il occupe dans les mesures simples dont chaque temps est représenté par la valeur d'une noire, un temps, une moitié et un quart de temps.

Etude du demi soupir doublement pointé. Le demi soupir doublement pointé a la même valeur que la croche doublement pointée. Il occupe dans les mesures simples dont chaque temps est représenté par la valeur d'une noire, une moitié, un quart et un huitième de temps.

Combinaisons donnant un ⅞ par mesure.

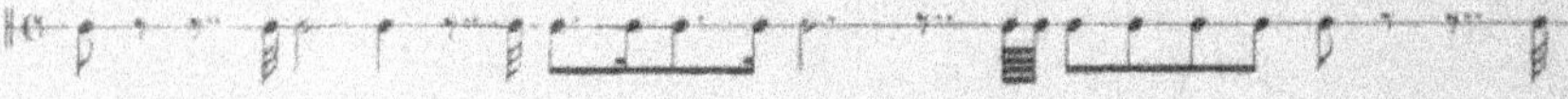

Combinaisons donnant deux ⅞ par mesure.

Combinaisons donnant trois ⅞ par mesure.

Combinaisons donnant quatre ⅞ par mesure.

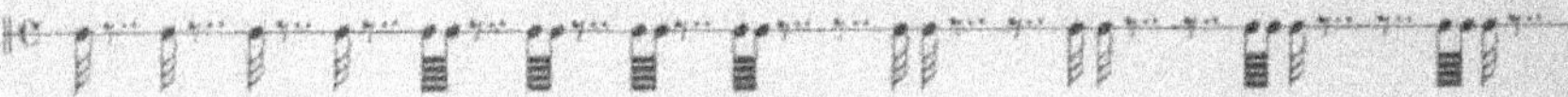

Etude du quart de soupir doublement pointé. Le quart de soupir doublement pointé a la même valeur que la double croche doublement pointée. Il occupe dans les mesures simples dont chaque temps est représenté par la valeur d'une noire, un quart, un huitième et un seizième de temps.

Combinaisons donnant un ⅞ par mesure.

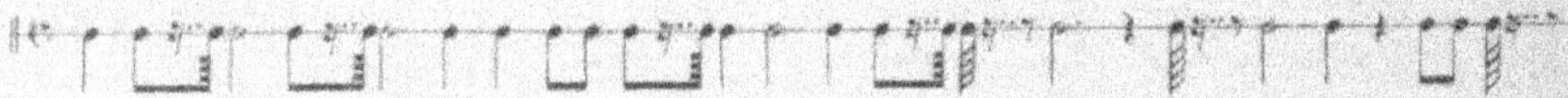

Combinaisons donnant deux ⅞ par mesure.

Combinaisons donnant trois ⅞ par mesure.

Combinaisons donnant quatre ⅞ par mesure.

§ 7.—Étude du triolet dans la mesure à quatre temps (C)

On appelle triolet un groupe de trois notes ayant la valeur de deux de même espèce: ainsi un triolet de croches a la même valeur que deux croches.

Étude du triolet de noires. Dans les mesures simples dont chaque temps est représenté par la valeur d'une noire, le triolet de noires ayant la valeur de deux noires ou d'une blanche, occupe deux temps.

Étude du triolet de croches. Dans les mesures simples dont chaque temps est représenté par la valeur d'une noire, le triolet de croches ayant la valeur de deux croches ou d'une noire, occupe un temps.

Combinaisons donnant un triolet de ♪ par mesure.

Combinaisons donnant deux triolets de ♪ par mesure.

Combinaisons donnant trois triolets de ♪ par mesure.

Combinaisons donnant quatre triolets de ♪ par mesure.

Un triolet peut être composé de valeurs de différentes espèces.

Combinaisons donnant pour un temps un triolet composé de: une ♪ et une ♪ pouvant se présenter de différentes manières.

Combinaisons donnant pour un temps un triolet composé de: une ♪ et deux ♪ pouvant se présenter de différentes manières.

Combinaisons donnant pour un temps un triolet composé de: deux ♪ et deux ♪ pouvant se présenter de différentes manières.

Combinaisons donnant pour un temps un triolet composé de: deux ♪ et quatre ♪ pouvant se présenter de différentes manières.

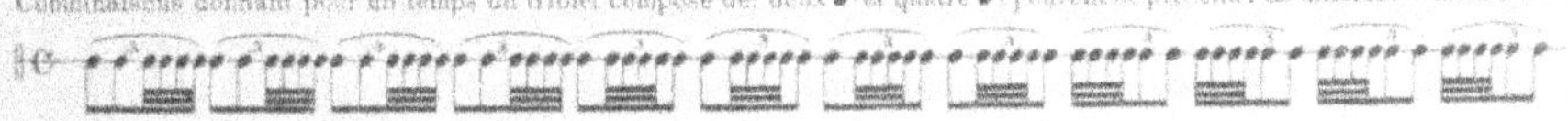

Combinaisons donnant pour un temps un triolet composé de: une ♪, une ♪ et une ♪ pouvant se présenter de différentes manières.

Introduction d'un silence dans la composition du triolet.

Combinaisons donnant pour un temps un triolet composé de: deux ♪ et un ⅓ pouvant se présenter de différentes manières.

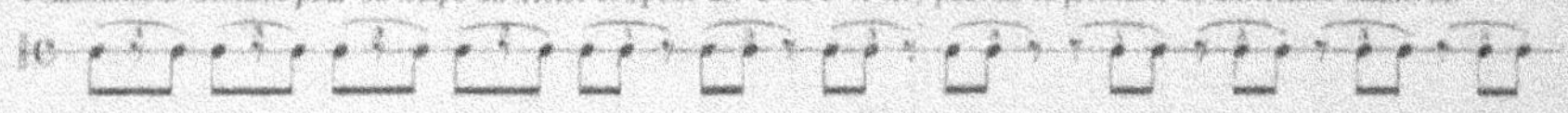

Combinaisons donnant pour un temps un triolet composé de: une ♪, un ⅓ et deux ♪ pouvant se présenter de différentes manières.

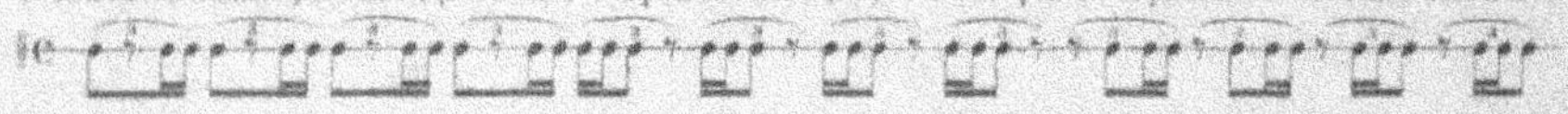

Combinaisons donnant pour un temps un triolet composé de: deux ♪, un ⅓ et une ♪ pouvant se présenter de différentes manières.

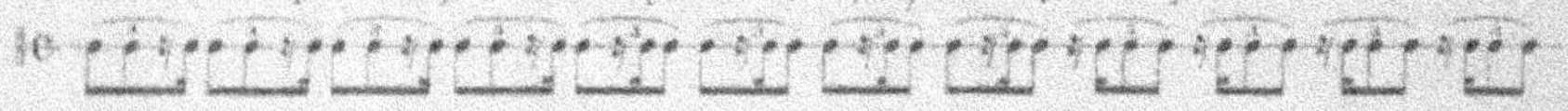

Étude du triolet. — Dans les mesures simples dont chaque temps est représenté par la valeur d'une noire, le triolet de doubles croches, ces croches ayant la valeur de deux doubles croches ou d'une croche, occupe la moitié d'un temps.
L'autre moitié du temps peut être occupée de différentes manières.

Combinaisons donnant un triolet de ♪ par mesure.

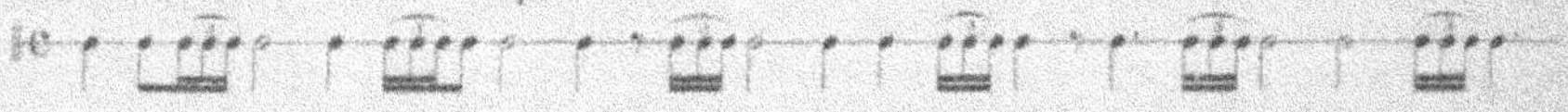

Combinaisons donnant deux triolets de ♪ par mesure.

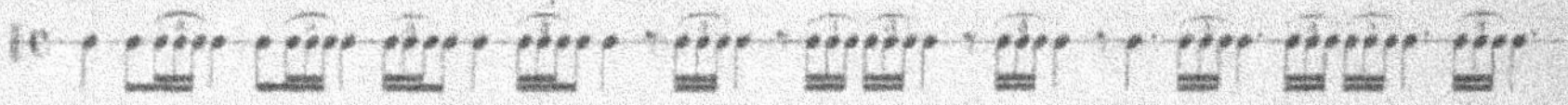

Combinaisons donnant trois triolets de ♪ par mesure.

Combinaisons donnant quatre triolets de ♪ par mesure.

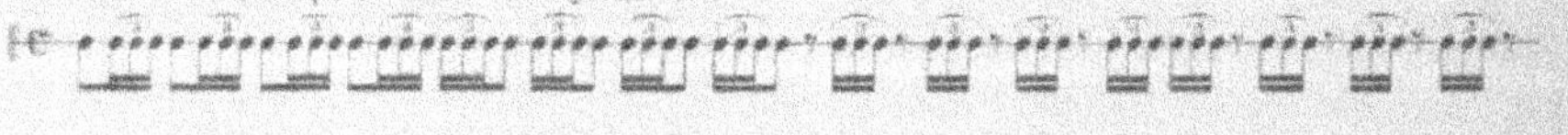

Un triolet peut être composé de valeurs de différentes espèces.

Combinaisons donnant un triolet de ♪ composé de: deux ♪ et deux ♪ pouvant se présenter de différentes manières.

Combinaisons donnant un triolet de ♪ composé de: une ♪, une ♪ et une ♪ pouvant se présenter de différentes manières.

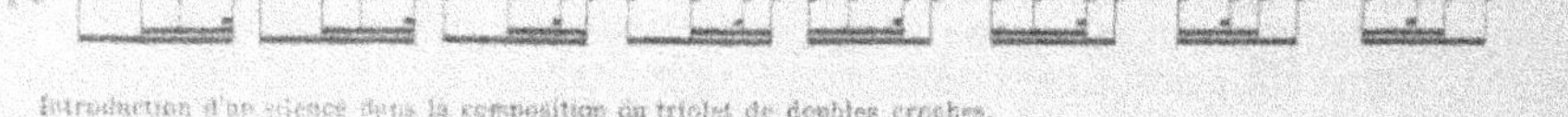

Introduction d'un silence dans la composition du triolet de doubles croches.

Combinaisons donnant un triolet de ♪ composé de: deux ♪ et un ⅓.

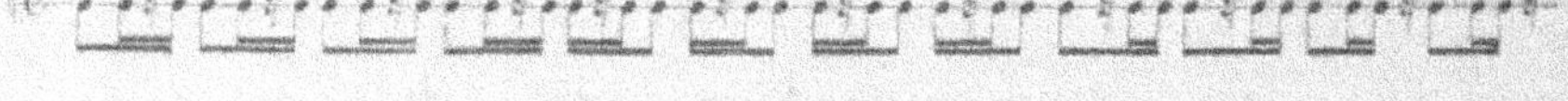

Étude du triolet Dans les mesures simples dont chaque temps est représenté par la valeur d'une noire, le triolet de tri-
de triples croches ples croches ayant la valeur de deux triples croches ou d'une double croche occupe le quart d'un
temps. Les trois autres quarts du temps peuvent être occupés de différentes manières.

Combinaisons donnant pour un temps trois ♪ et un triolet de ♫ pouvant se présenter de différentes manières.

Combinaisons donnant pour un temps une ♪ une ♪ et un triolet de ♪ pouvant se présenter de différentes manières.

Combinaisons donnant pour un temps un triolet de ♪, une ♪ et un ⅞ pouvant se présenter de différentes manières.

Combinaisons donnant pour un temps un ⅞, un ⅞ et un triolet de ♪ pouvant se présenter de différentes manières.

Combinaisons donnant pour un temps une ♪, un ⅞ et un triolet de ♪ pouvant se présenter de différentes manières.

Combinaisons donnant pour un temps une ♪ et un triolet de ♫ pouvant se présenter de différentes manières.

Combinaisons donnant pour deux temps une ♪ et un triolet de ♪ pouvant se présenter de différentes manières.

Introduction d'un silence dans la composition d'un triolet de triples croches.

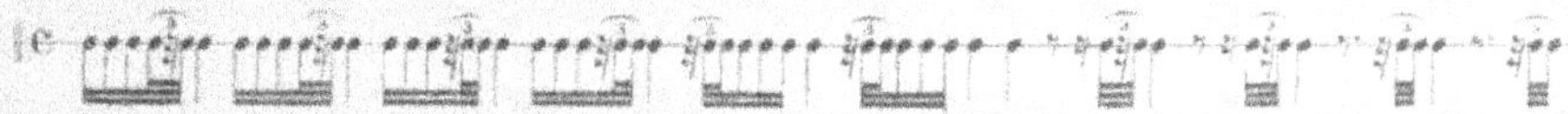

Etude du triolet de quadruples croches
Dans les mesures simples dont chaque temps est représenté par la valeur d'une noire, le triolet de quadruples croches, ayant la valeur de deux quadruples croches ou d'une triple croche, occupe le huitième d'un temps. Les autres parties du temps peuvent être occupées de différentes manières.

Combinaisons donnant pour un temps sept ♪ et un triolet de ♪ pouvant se présenter de différentes manières.

Combinaisons donnant pour un temps un 𝄾, trois ♪ et un triolet de ♪ pouvant se présenter de différentes manières.

Combinaisons donnant pour deux temps une ♩, trois ♪ et un triolet de ♪ pouvant se présenter de différentes manières.

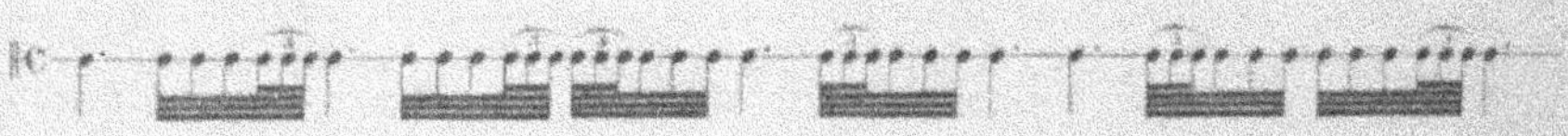

Combinaisons donnant pour un temps un 𝄾, un 𝄾, un 𝄾 et un triolet de ♪ pouvant se présenter de différentes manières.

Combinaisons donnant pour un temps un 𝄾 et un triolet de ♪ pouvant se présenter de différentes manières.

Combinaisons donnant pour un temps une ♪, un 𝄾 et un triolet de ♪ pouvant se présenter de différentes manières.

Combinaisons donnant pour deux temps une ♩, un 𝄾 et un triolet de ♪ pouvant se présenter de différentes manières.

Introduction d'un silence dans la composition d'un triolet de quadruples croches.

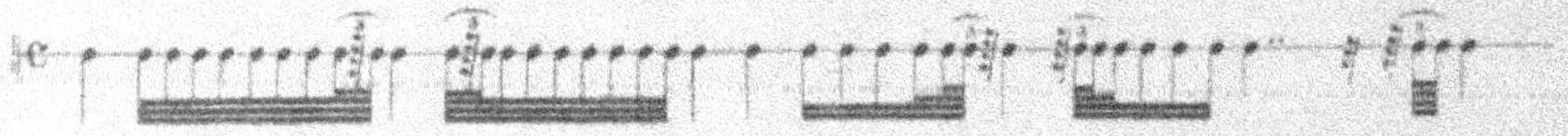

§ 8.— Étude du sextolet ou sixain dans la mesure à quatre temps (C)

Le sextolet ou sixain est un groupe de six notes ayant la valeur de quatre notes de même espèce: ainsi un sextolet de doubles croches a la même valeur que quatre doubles croches.

Étude du sextolet de croches. Dans les mesures simples dont chaque temps est représenté par la valeur d'une noire, le sextolet de croches ayant la valeur de quatre croches ou de deux noires, occupe deux temps.

Combinaisons donnant un sextolet de croches par mesure.

Combinaisons donnant deux sextolets de croches par mesure.

Introduction d'un silence dans le sextolet de croches.

Étude du sextolet de doubles croches. Dans les mesures simples dont chaque temps est représenté par la valeur d'une noire, le sextolet de doubles croches ayant la valeur de quatre doubles croches ou d'une noire, occupe un temps.

Combinaisons donnant un sextolet de ♪ par mesure.

Combinaisons donnant deux sextolets de ♪ par mesure.

Combinaisons donnant trois sextolets de ♪ par mesure.

Combinaisons donnant quatre sextolets de ♪ par mesure.

Combinaisons donnant un sextolet de ♪ composé de: une ♪ et quatre ♪ pouvant se présenter de différentes manières.

Introduction d'un silence dans la composition d'un sextolet de doubles croches.

Combinaisons donnant un sextolet de ♪ composé de: trois ♪ et trois ♪.

Etude du sextolet Dans les mesures simples dont chaque temps est représenté par la valeur d'une noire, le sextolet de tri-
de triples croches: plus croches ayant la valeur de quatre triples croches ou d'une croche, occupe la moitié d'un temps. L'autre moitié du temps peut être occupée de différentes manières.

Combinaisons donnant un sextolet de ♪ par temps et par mesure.

Combinaisons donnant deux sextolets de ♪ par temps et par mesure.

Combinaisons donnant trois sextolets de ♪ par mesure.

Combinaisons donnant quatre sextolets de ♪ par mesure.

Combinaisons donnant cinq sextolets de ♪ par mesure.

Combinaisons donnant six sextolets de ♪ par mesure.

Combinaisons donnant sept sextolets de ♪ par mesure.

Combinaisons donnant huit sextolets de ♪ par mesure.

Combinaisons donnant un sextolet de ♪ composé de: une ♪ et quatre ♪

Introduction d'un silence dans la composition du sextolet de triples croches.

Combinaisons donnant un sextolet de ♪ composé de: trois ♪ et trois ♪

Étude du sextolet
de quadruples croches
Dans les mesures simples dont chaque temps est représenté par la valeur d'une noire, le sextolet de quadruples croches ayant la valeur de quatre quadruples croches ou d'une double croche occupe le quart d'un temps. Les trois autres quarts peuvent être occupés de différentes manières.

Combinaisons donnant un sextolet de ♬ par temps et par mesure.

Combinaisons donnant deux sextolets de ♪ par temps et par mesure.

Combinaisons donnant trois sextolets de ♬ par temps et par mesure.

Combinaisons donnant quatre sextolets de ♬ par temps et par mesure.

Combinaisons donnant cinq sextolets de ♬ par mesure.

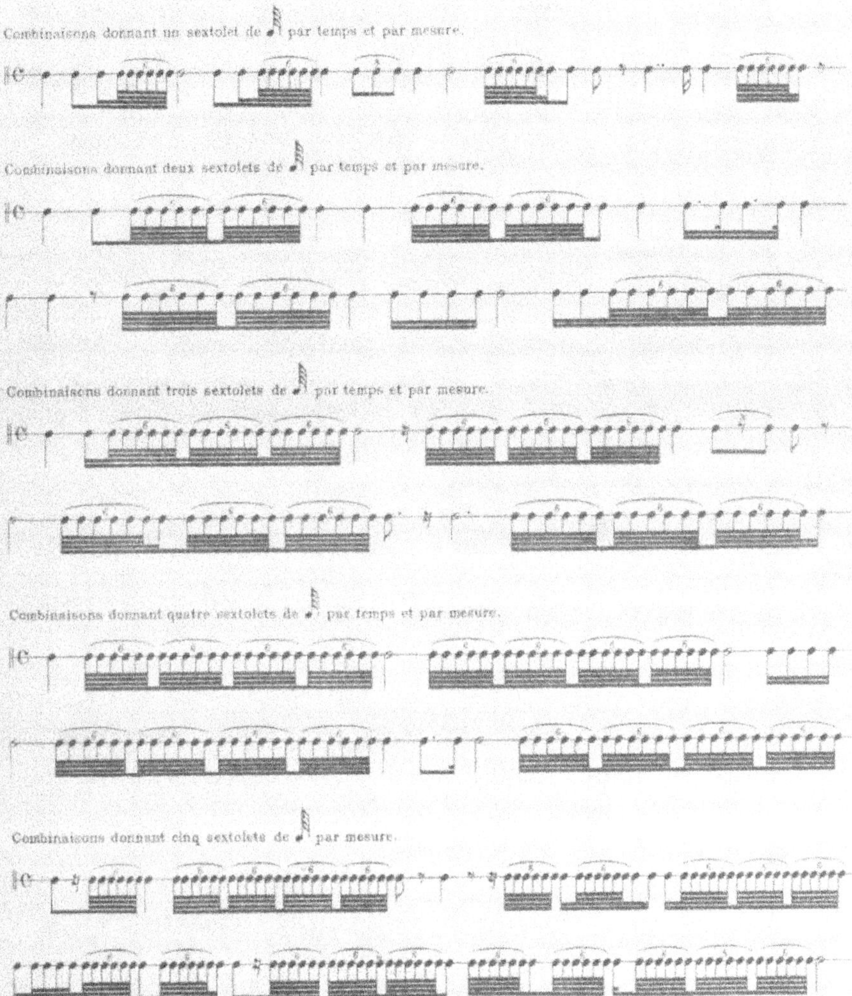

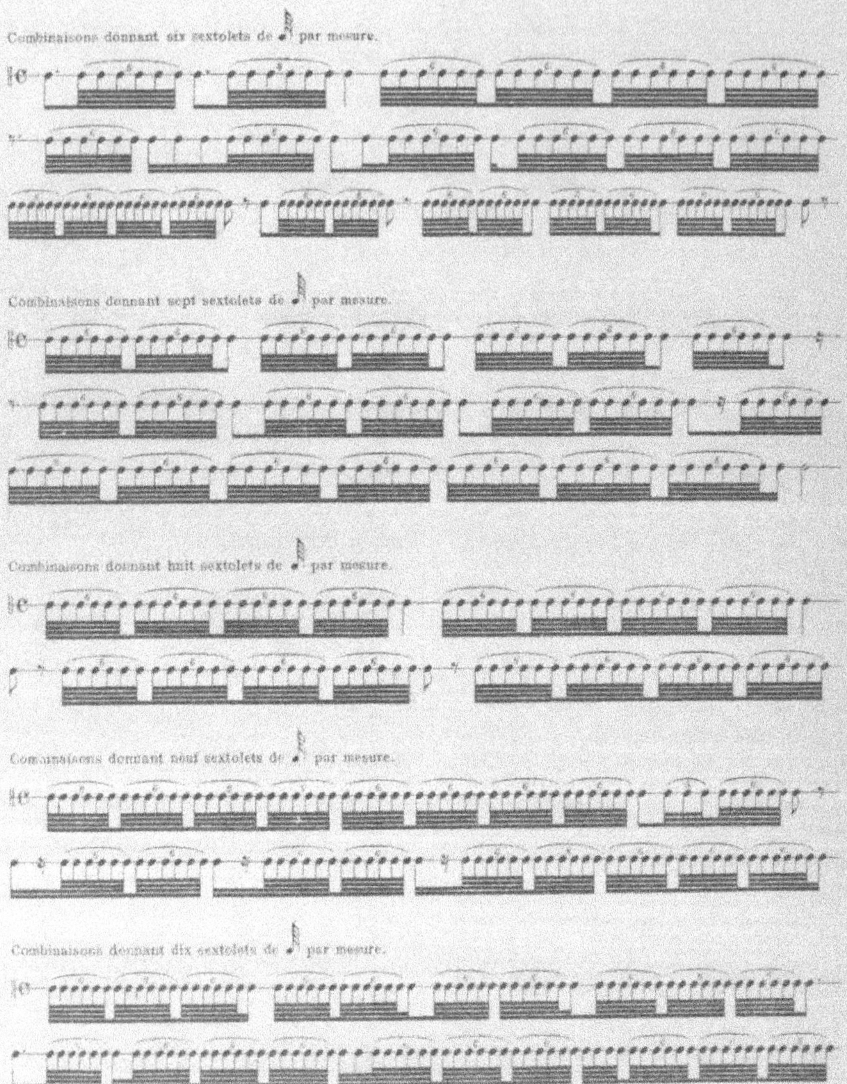

Combinaisons donnant six sextolets de ♪ par mesure.
Combinaisons donnant sept sextolets de ♪ par mesure.
Combinaisons donnant huit sextolets de ♪ par mesure.
Combinaisons donnant neuf sextolets de ♪ par mesure.
Combinaisons donnant dix sextolets de ♪ par mesure.

Combinaisons donnant onze sextolets de ♪ par mesure.

Combinaisons donnant douze sextolets de ♪ par mesure.

Combinaisons donnant treize sextolets de ♪ par mesure.

Combinaisons donnant quatorze sextolets de ♪ par mesure.

Combinaisons donnant quinze sextolets de ♪ par mesure.

Combinaisons donnant seize sextolets de ♪ par mesure.

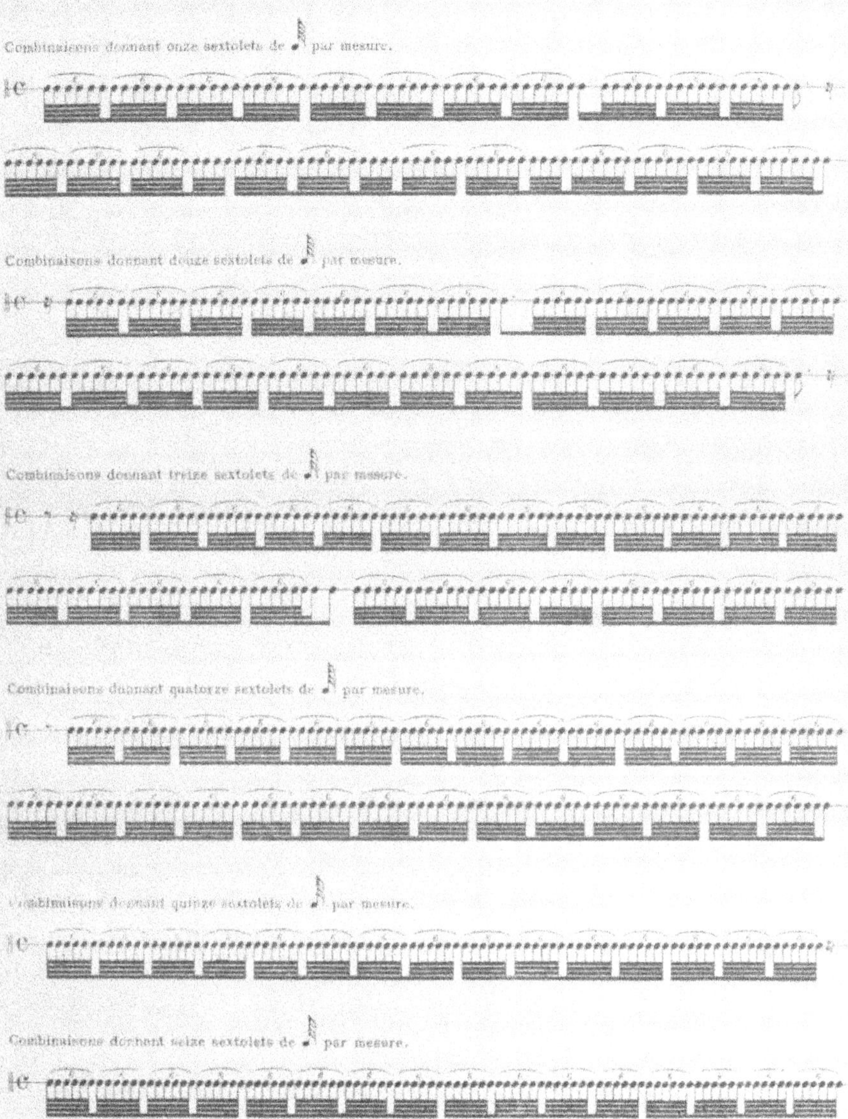

§ 9.—Etude du double triolet.

La réunion de deux triolets forme le double triolet. Dans le double triolet les six notes qui le composent se subdivisent de trois en trois, tandis que les six notes qui composent le sextolet se subdivisent de deux en deux. Telle est la différence qui existe entre le double triolet et le sextolet qui sont composés tous les deux de six valeurs.

Etude du double triolet de doubles croches: Le double triolet de doubles croches ayant la valeur d'une noire, occupe un temps entier dans les mesures simples qui ont la valeur d'une noire comme unité de temps.

Etude du double triolet de triples croches: Le double triolet de triples croches ayant la valeur d'une croche, occupe la moitié d'un temps dans les mesures simples qui ont la valeur d'une noire comme unité de temps.

Combinaisons donnant un double triolet de ♪ par temps.

Combinaisons donnant deux doubles triolets de ♪ par temps.

Etude du double triolet de quadruples croches: Le double triolet de quadruples croches ayant la valeur d'une double croche, occupe le quart d'un temps dans les mesures simples qui ont la valeur d'une noire comme unité de temps.

Combinaisons donnant un double triolet de ♪ par temps.

Combinaisons donnant deux doubles triolets de ♪ par temps.

Combinaisons donnant trois doubles triolets de ♪ par temps.

Combinaisons donnant quatre doubles triolets de ♪ par temps.

§ 10. — Étude de la syncope dans les mesures simples dont chaque temps est représenté par la valeur d'une noire.

Dans la syncope, le son est articulé sur un temps faible ou sur la partie faible d'un temps et se prolonge sur le temps fort ou sur la partie forte du temps suivant.

Étude de la syncope régulière: La syncope régulière est celle dont les deux parties sont d'égale valeur.

Combinaisons de syncopes donnant des sons articulés sur le temps faible. (emploi de ♩ et de ♪)

Combinaisons de syncopes donnant des sons articulés sur la partie faible du temps. (emploi de ♪ et de ♪)

Combinaisons de syncopes formées dans un même temps et donnant des sons articulés sur les parties faibles de ce temps. (emploi de ♪ et de ♪)

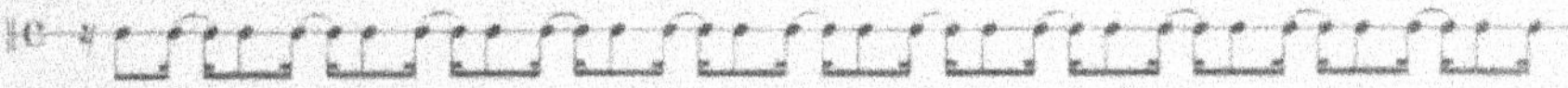

Combinaisons de syncopes formées dans la moitié d'un temps et donnant des sons articulés sur les parties faibles de la moitié de ce temps. (emploi de ♪ et de ♪)

Combinaisons de syncopes formées dans le quart d'un temps et donnant des sons articulés sur les parties faibles de ce quart de temps (emploi de ♪ et de ♪)

Étude de la syncope irrégulière ou brisée: La syncope irrégulière ou brisée est celle dont les deux parties sont d'inégale valeur.

Combinaisons donnant des syncopes entre: ♩ et ♪, ♩ et ♪, ♩ et ♪, ♩ et ♪, ♩ et ♪

Combinaisons donnant des syncopes entre: ♪ et ♪, ♪ et ♪, ♪ et ♪, ♪ et ♪

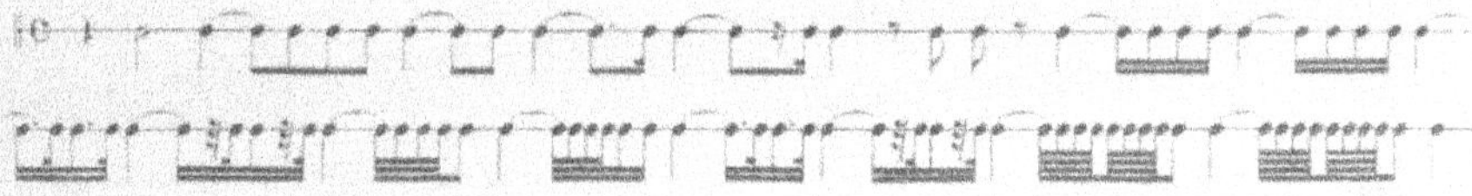

Combinaisons donnant des syncopes entre: ♪ et ♪, ♪ et ♪, ♪ et ♪

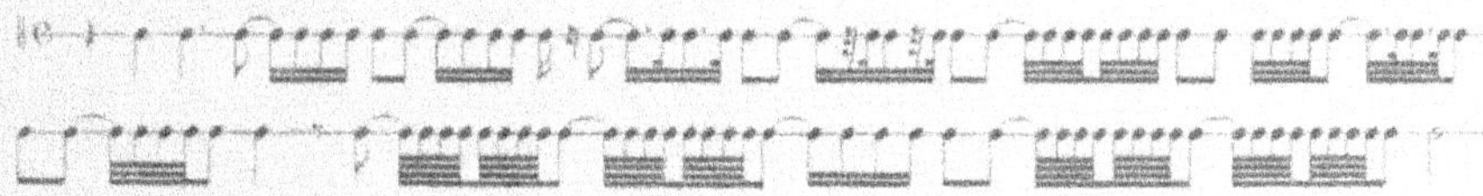

Combinaisons donnant des syncopes entre : ♪ et ♪., ♪ et ♪

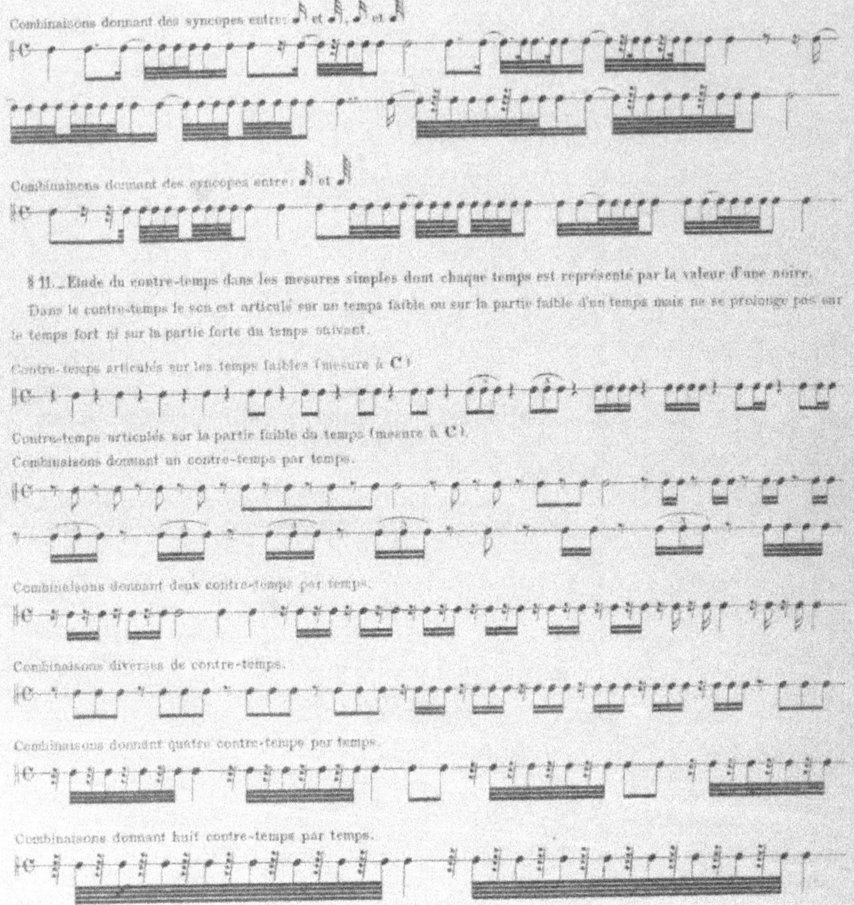

Combinaisons donnant des syncopes entre : ♪ et ♪

§ 11. _ Étude du contre-temps dans les mesures simples dont chaque temps est représenté par la valeur d'une noire.

Dans le contre-temps le son est articulé sur un temps faible ou sur la partie faible d'un temps mais ne se prolonge pas sur le temps fort ni sur la partie forte du temps suivant.

Contre-temps articulés sur les temps faibles (mesure à **C**)

Contre-temps articulés sur la partie faible du temps (mesure à **C**).
Combinaisons donnant un contre-temps par temps.

Combinaisons donnant deux contre-temps par temps.

Combinaisons diverses de contre-temps.

Combinaisons donnant quatre contre-temps par temps.

Combinaisons donnant huit contre-temps par temps.

L'élève qui aura travaillé avec soin tout ce qui précède devra désormais parfaitement analyser les valeurs ainsi que la composition de chaque temps d'une mesure simple. C'est pour obtenir ce résultat que je me suis étendu longuement et en détail sur chaque combinaison rythmique.

Dans les exercices suivants pour l'étude des mesures simples à $\frac{2}{4}$, à $\frac{3}{4}$, à $\frac{3}{8}$ et à $\frac{6}{8}$ j'ai écrit de simples résumés sur chaque système de combinaisons rythmiques, sans m'étendre en détail comme je l'ai fait à dessein précédemment, pour la mesure à $\frac{4}{4}$.

§ 12._Etude de la mesure simple à $\frac{2}{4}$.

La mesure simple à $\frac{2}{4}$ contient deux fois la quatrième partie de la ronde, c'est-à-dire la valeur de deux noires pour la totalité de la mesure, puisque la quatrième partie de la ronde est la noire.

On a pour chaque temps la valeur d'une noire.

Dans les leçons suivantes on devra trouver pour chaque mesure la valeur de deux noires.

Etude des différentes valeurs de notes dans la mesure à $\frac{2}{4}$.

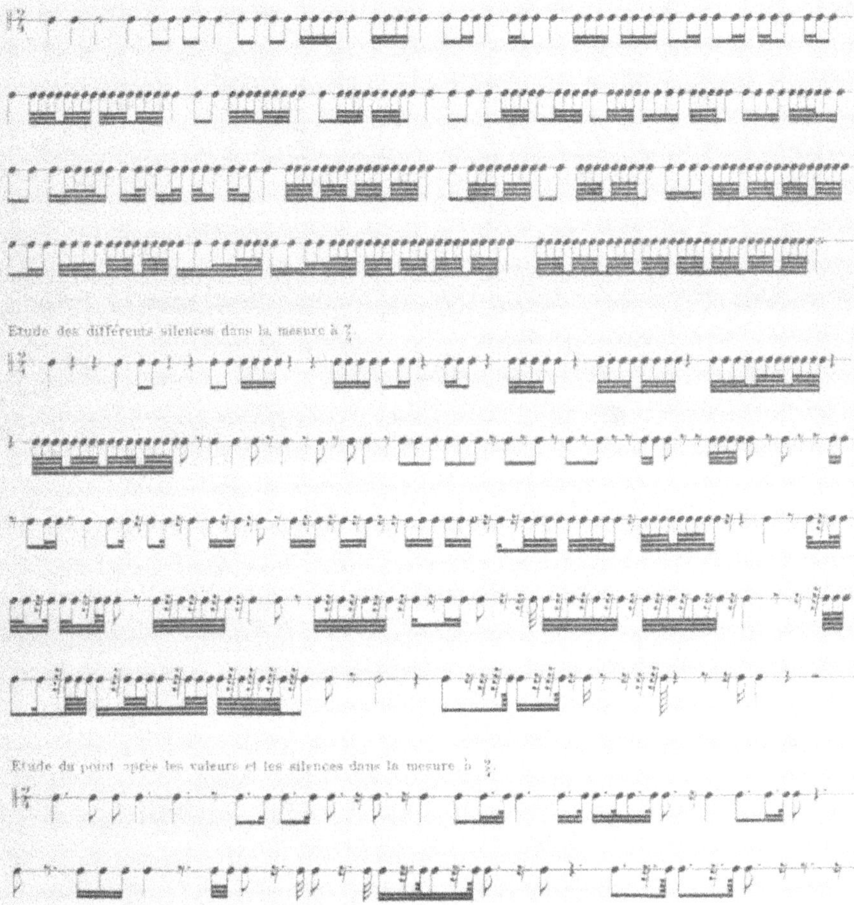

Etude des différents silences dans la mesure à $\frac{2}{4}$.

Etude du point après les valeurs et les silences dans la mesure à $\frac{2}{4}$.

Etude du double point après les valeurs de notes et les silences dans la mesure à $\frac{2}{4}$.

Etude du triolet dans la mesure à $\frac{2}{4}$.

Etude du sextolet et du double triolet dans la mesure à $\frac{2}{4}$.

Etude de la syncope régulière dans la mesure à $\frac{2}{4}$.

Etude de la syncope irrégulière ou brisée dans la mesure à $\frac{2}{4}$.

Etude du contre-temps dans la mesure à $\frac{2}{4}$.

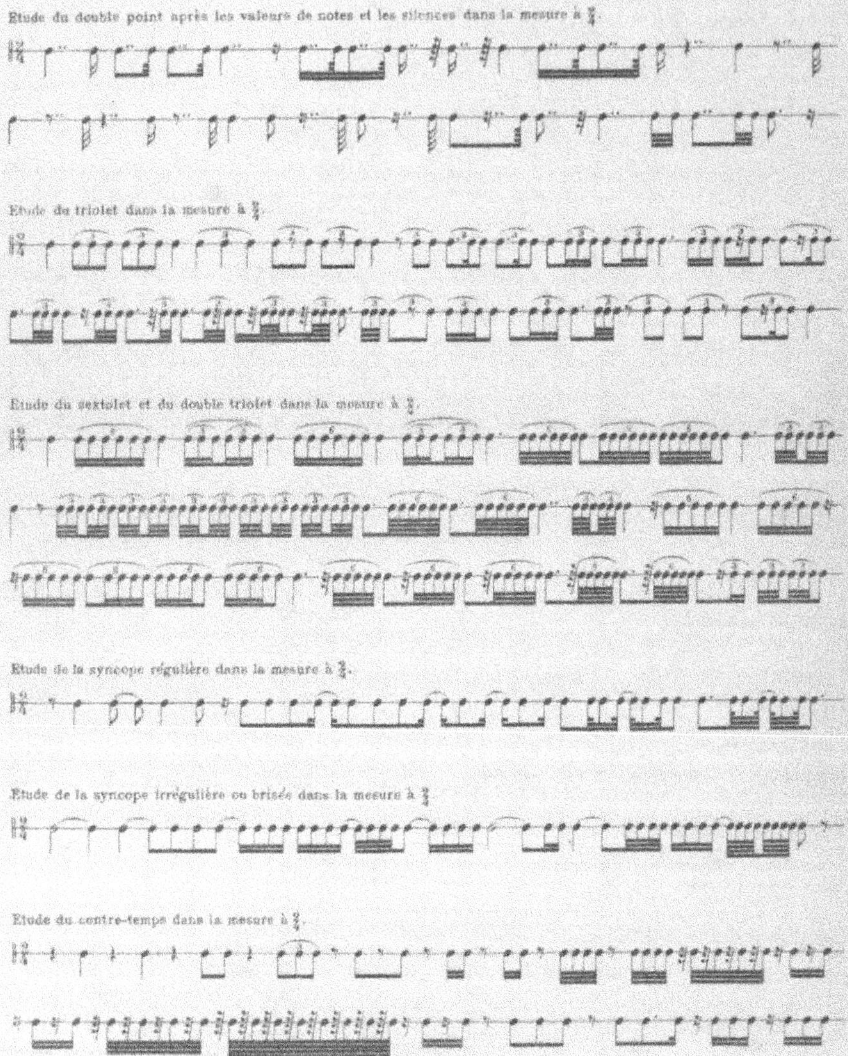

§ 13. — Etude de la mesure simple à $\frac{3}{4}$.

La mesure simple à $\frac{3}{4}$ contient trois fois la quatrième partie de la ronde, c'est-à-dire la valeur de trois noires pour la totalité d'une mesure, puisque la quatrième partie de la ronde est une noire.

On a pour chaque temps la valeur d'une noire.

Dans les leçons suivantes on devra trouver pour chaque mesure la valeur de trois noires.

Etude des différentes valeurs de notes dans la mesure à $\frac{3}{4}$.

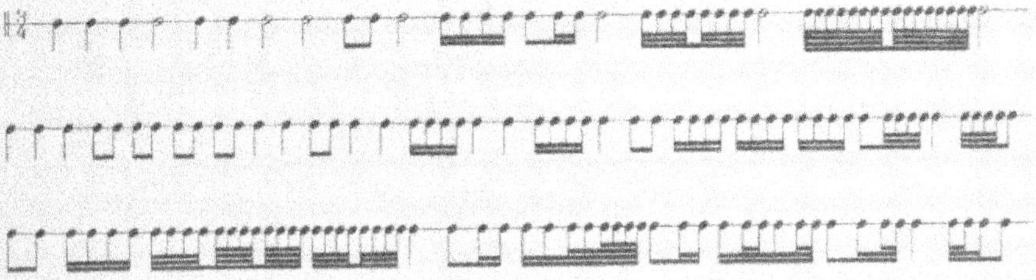

Etude des différents silences dans la mesure à $\frac{3}{4}$.

Etude du point après les valeurs et les silences dans la mesure à $\frac{3}{4}$.

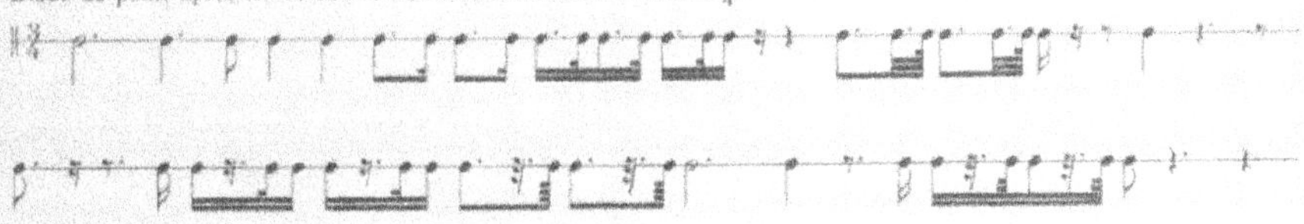

Etude du double point dans la mesure à $\frac{3}{4}$.

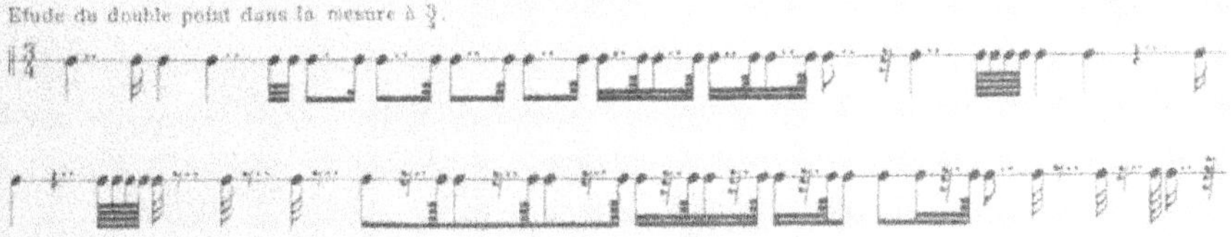

Etude du triolet dans la mesure à 2/4.

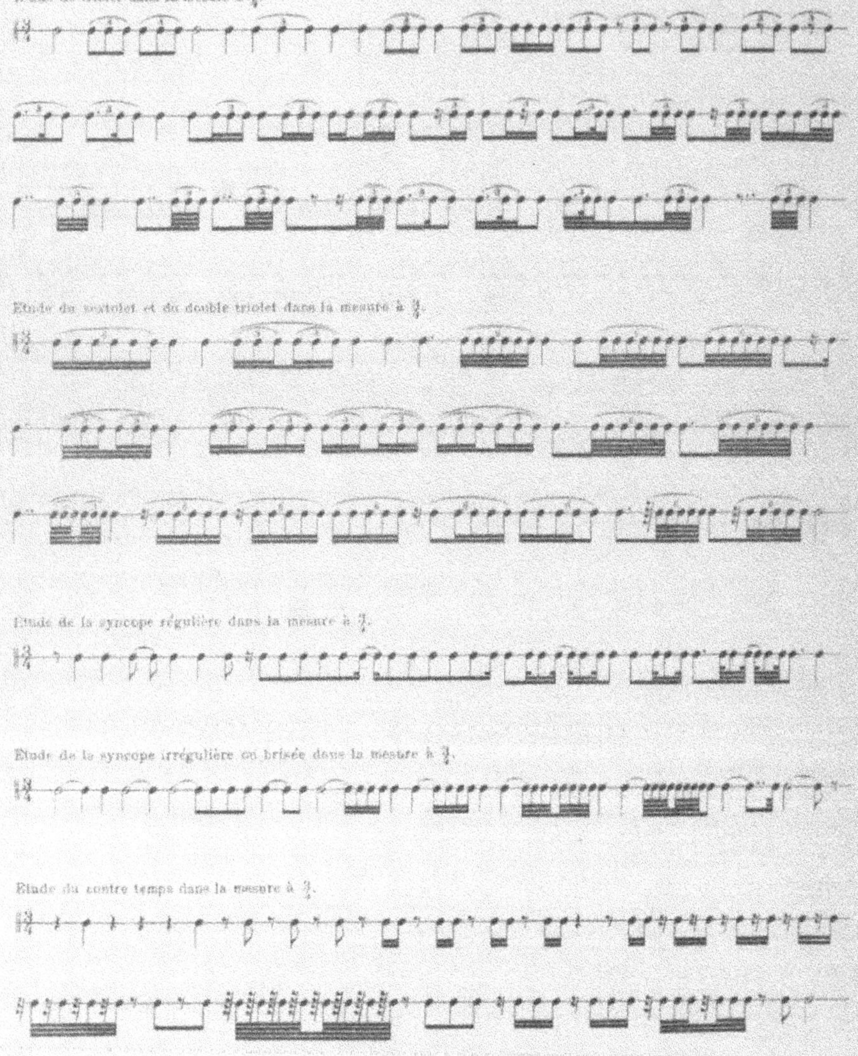

CHAPITRE II

Etude des mesures simples dont chaque temps est représenté par la valeur d'une croche.

Les mesures simples dont chaque temps est représenté par la valeur d'une croche sont: 1° la mesure à $\frac{2}{8}$ qui contient la valeur de deux croches; 2° la mesure à $\frac{3}{8}$ qui contient la valeur de trois croches; 4° la mesure à $\frac{4}{8}$ qui contient la valeur de quatre croches. La plus usitée de ces mesures est la mesure à $\frac{3}{8}$.

ETUDE DE LA MESURE SIMPLE A $\frac{3}{8}$

La mesure simple à $\frac{3}{8}$ contient trois fois la huitième partie de la ronde, c'est-à-dire la valeur de trois croches pour la totalité de la mesure, puisque la huitième partie de la ronde est une croche. On a pour chaque temps la valeur d'une croche.

Dans les leçons suivantes on devra trouver pour chaque mesure la valeur de trois croches.

Etude des différentes valeurs de notes dans la mesure à $\frac{3}{8}$.

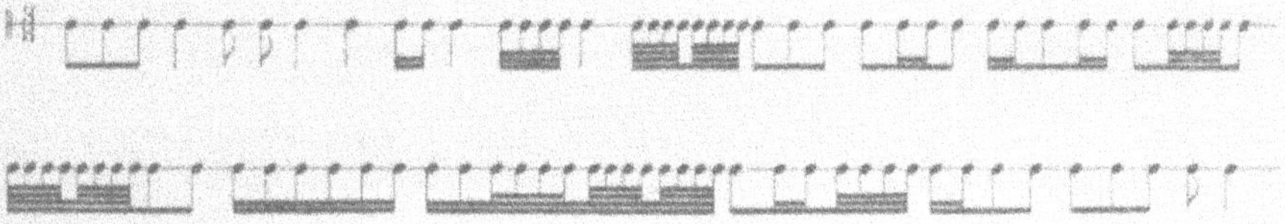

Etude des différents silences dans la mesure à $\frac{3}{8}$.

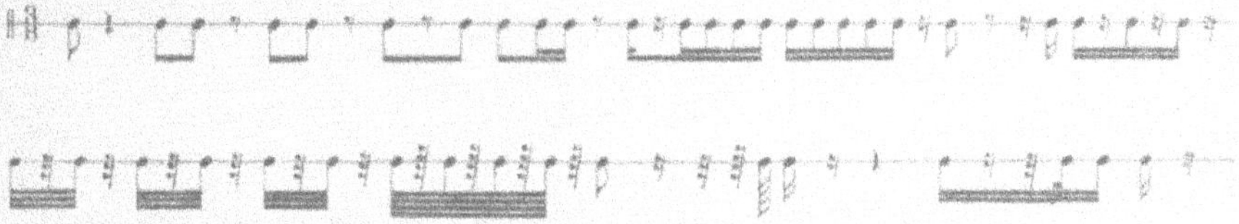

Etude du point dans la mesure à $\frac{3}{8}$.

Etude du double point dans la mesure à 3/8.

Etude du triolet dans la mesure à 3/8.

Etude du sextolet et du double triolet dans la mesure à 3/8.

Etude de la syncope régulière dans la mesure à 3/8.

Etude de la syncope irrégulière ou brisée dans la mesure à 3/8.

Etude du contre temps dans la mesure à 3/8.

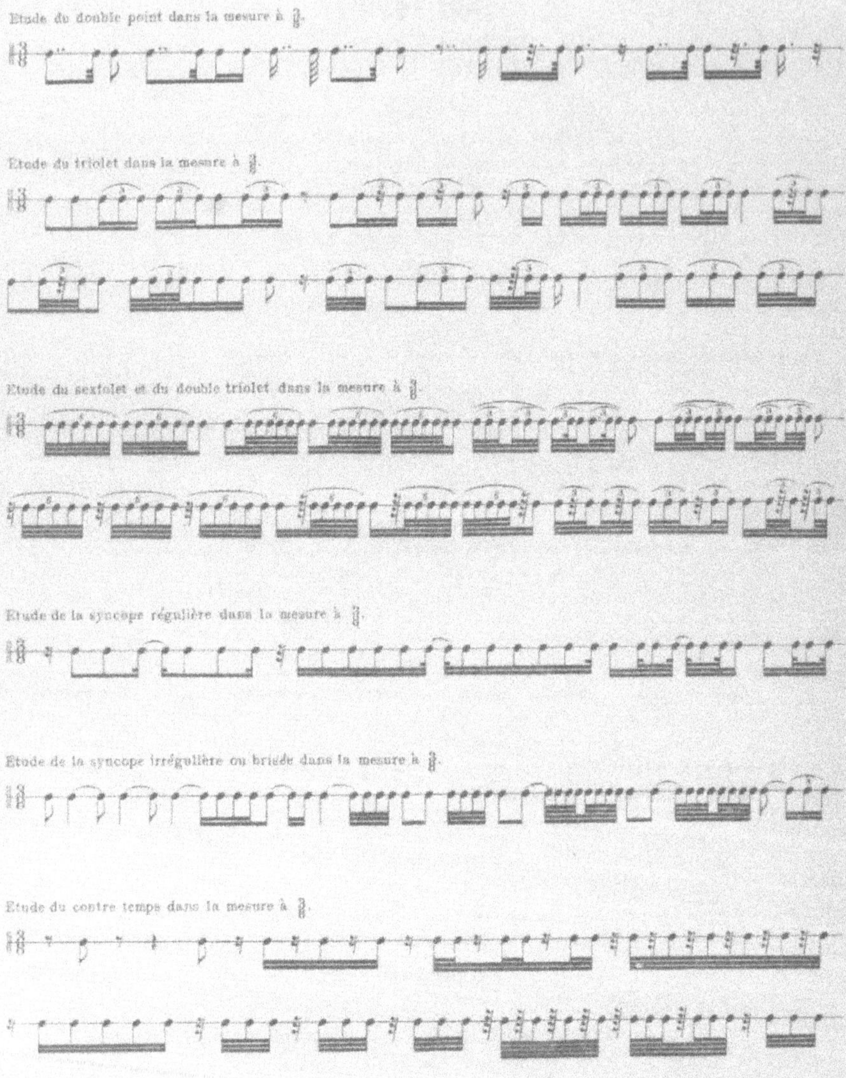

CHAPITRE III

Etude des mesures simples dont chaque temps est représenté par la valeur d'une blanche.

Les mesures simples dont chaque temps est représenté par la valeur d'une blanche sont: 1° la mesure à $\frac{2}{2}$ ou ¢ qui contient la valeur de deux blanches; 2° la mesure à $\frac{3}{2}$ qui contient la valeur de trois blanches; 3° la mesure à $\frac{4}{2}$ qui contient la valeur de quatre blanches. La plus usitée de ces mesures est la mesure à $\frac{2}{2}$ ou ¢. La mesure à $\frac{2}{2}$ ou ¢ contient la même somme de valeurs que la mesure à $\frac{4}{4}$ ou C, avec cette différence que la blanche forme un temps dans la mesure à $\frac{2}{2}$ tandis qu'elle en forme deux dans la mesure à C. Les exercices suivants ont été écrits dans la mesure à $\frac{3}{2}$ pour l'étude des différentes valeurs dans les mesures dont chaque temps est représenté par la valeur d'une blanche.

ETUDE DE LA MESURE SIMPLE A $\frac{3}{2}$

La mesure simple à $\frac{3}{2}$ contient trois fois la deuxième partie de la ronde, c'est-à-dire la valeur de trois blanches pour la totalité de la mesure, puisque la deuxième partie de la ronde est une blanche. On a pour chaque temps la valeur d'une blanche.

Dans les leçons suivantes on devra trouver pour chaque mesure la valeur de trois blanches.

Etude des différentes valeurs de notes dans la mesure à $\frac{3}{2}$.

Etude des différents silences dans la mesure à $\frac{3}{2}$.

Etude du point dans la mesure à $\frac{3}{2}$.

Etude du double point dans la mesure à 3/2.

Etude du triolet dans la mesure à 3/2.

Etude du sextolet et du double triolet dans la mesure à 3/2.

Etude de la syncope régulière dans la mesure à 3/2.

Etude de la syncope irrégulière ou brisée dans la mesure à 3/2.

Etude du contre temps dans la mesure à 3/2.

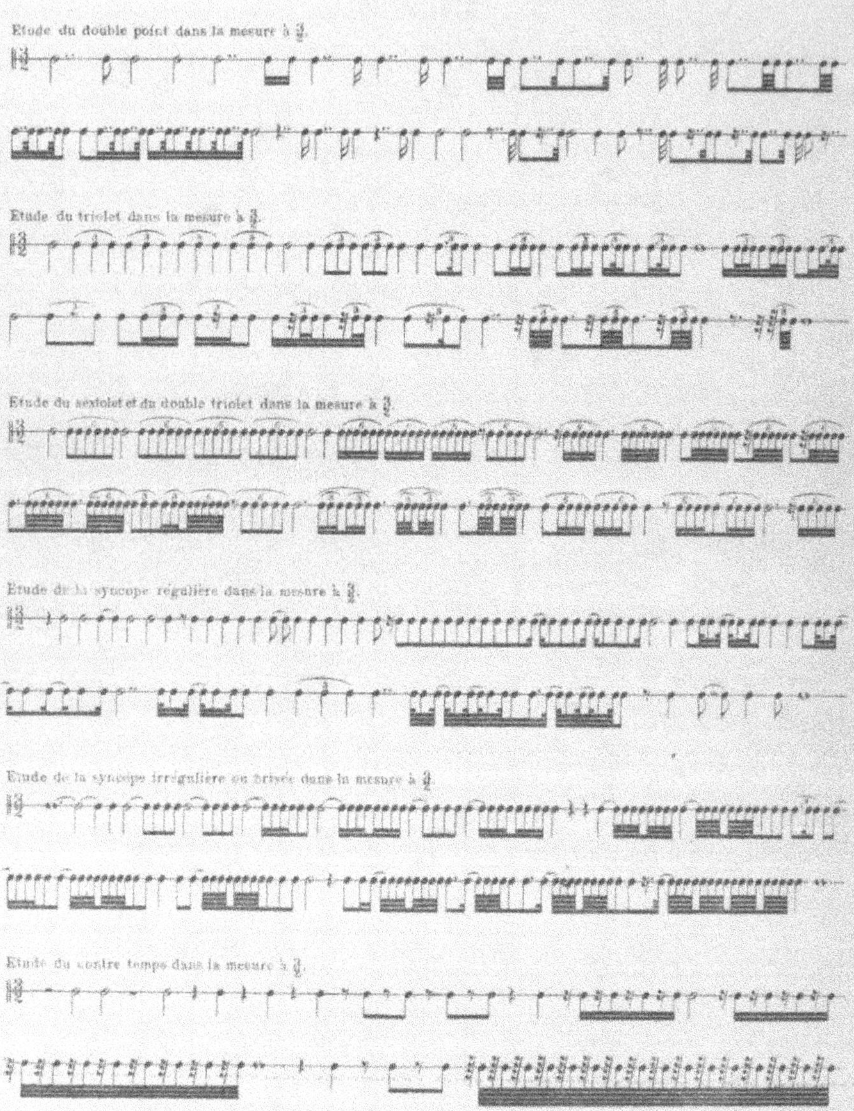

CHAPITRE IV

Etude des mesures composées dont chaque temps est représenté par la valeur d'une noire pointée

On appelle mesure composée, une mesure dont chaque temps est formé de valeurs composées, divisibles par trois ou ternaires.

A chaque mesure simple correspond une mesure composée.

Les mesures composées dont chaque temps est représenté par la valeur d'une noire pointée sont: 1° la mesure à $\frac{12}{8}$ qui est la mesure composée dérivant de la mesure à $\frac{4}{4}$ et qui se bat comme elle à quatre temps; 2° la mesure à $\frac{9}{8}$ qui est la mesure composée dérivant de la mesure à $\frac{3}{4}$ et qui se bat comme elle à trois temps; 3° la mesure à $\frac{6}{8}$ qui est la mesure composée dérivant de la mesure à $\frac{2}{4}$ et qui se bat comme elle à deux temps.

§ 1. — Etude des valeurs de notes dans la mesure composée à $\frac{12}{8}$ (mesure composée de la mesure à $\frac{4}{4}$).

La mesure à $\frac{12}{8}$ contient dans sa totalité douze fois la huitième partie de la ronde, c'est-à-dire la valeur de douze croches, puisque la ronde vaut huit croches. On a pour chaque temps de cette mesure la valeur de trois croches ou d'une noire pointée.

Dans les exercices suivants on devra trouver pour chaque mesure la valeur de quatre noires pointées (une ♩ par temps)

La ronde pointée valant douze croches occupe une mesure entière.

La blanche pointée valant six croches occupe deux temps. Deux blanches pointées occupent une mesure entière.

La noire pointée valant trois croches occupe un temps. Quatre noires pointées occupent une mesure entière.

Chaque temps occupé par une noire et une croche pouvant se présenter de différentes manières.

Chaque temps occupé par trois croches.

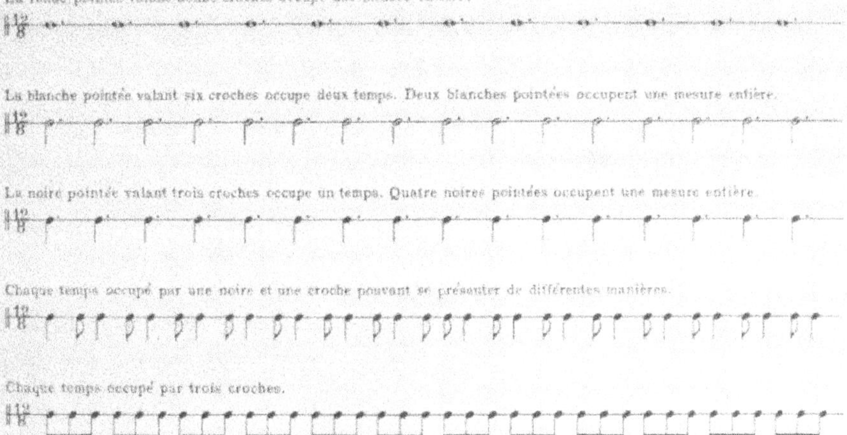

RÉSUMÉ DE CE QUI PRÉCÈDE

Un temps occupé par une ♪, une ♪. et une ♪ pouvant se présenter de différentes manières.

Un temps occupé par une ♩ et deux ♪ pouvant se présenter de différentes manières.

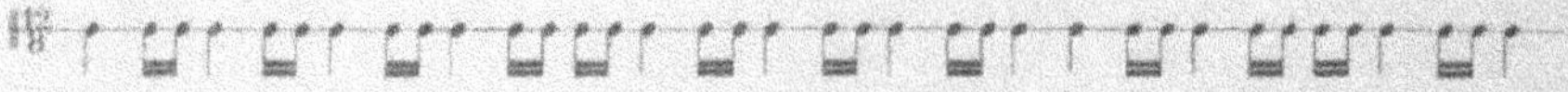

Un temps occupé par deux ♪ et deux ♪ pouvant se présenter de différentes manières.

Un temps occupé par deux ♪, une ♪. et une ♪ pouvant se présenter de différentes manières.

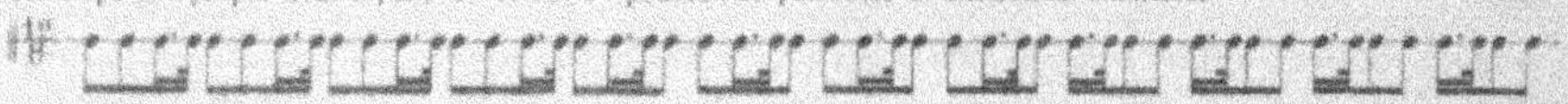

Un temps occupé par une ♪ et quatre ♪ pouvant se présenter de différentes manières.

Un temps occupé par six ♪

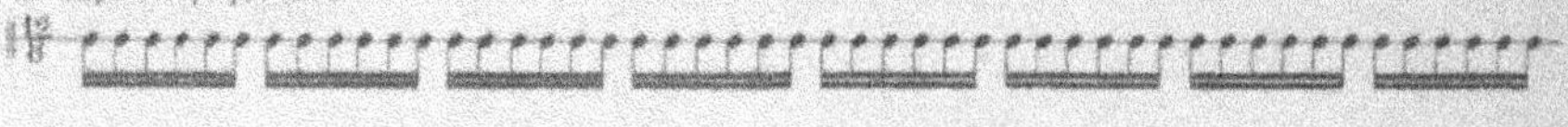

Un temps occupé par une ♪. et trois ♪

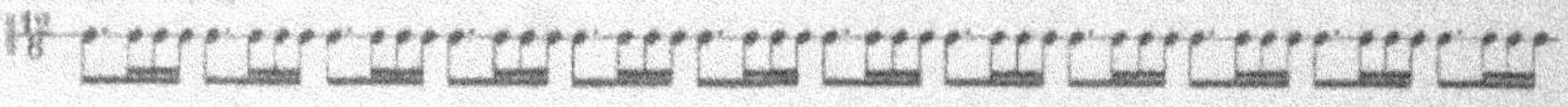

Un temps occupé par trois ♪. et trois ♪

RÉSUMÉ DE TOUT CE QUI PRÉCÈDE

Emploi dans la même mesure des différentes combinaisons rythmiques précédentes.

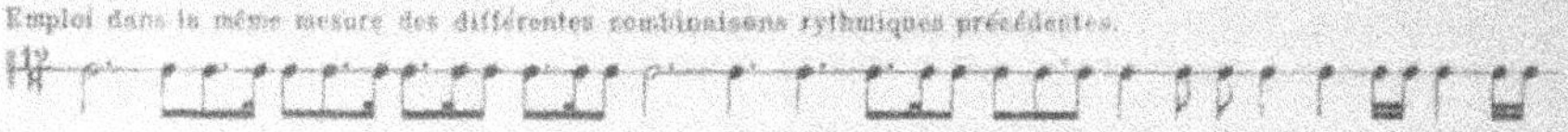

Un temps occupé par une ♩ et quatre ♪ pouvant se présenter de différentes manières.

Un temps occupé par une ♩, une ♪ et deux ♪ pouvant se présenter de différentes manières.

Un temps occupé par deux ♪ et quatre ♪ pouvant se présenter de différentes manières.

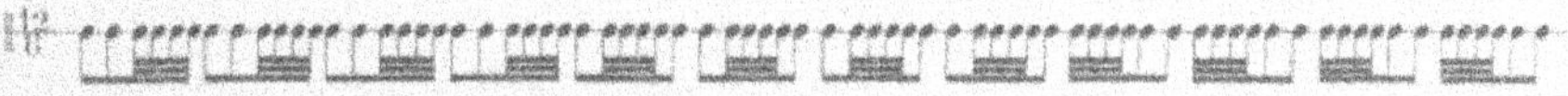

Un temps occupé par deux ♪, une ♪ et deux ♪ pouvant se présenter de différentes manières.

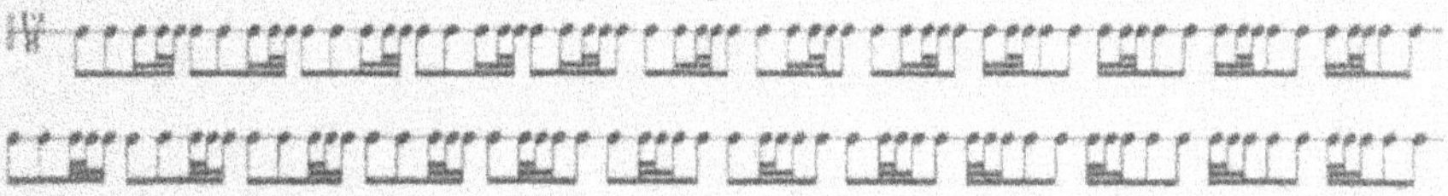

Un temps occupé par une ♪, deux ♪ et quatre ♪ pouvant se présenter de différentes manières.

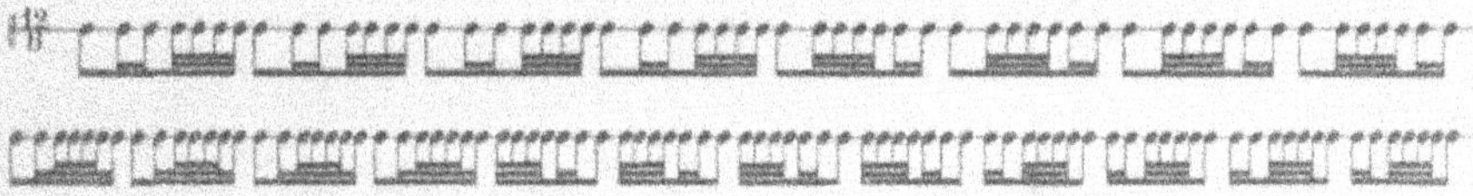

Un temps occupé par une ♪, une ♪ et six ♪ pouvant se présenter de différentes manières.

Un temps occupé par une ♪ et huit ♪ pouvant se présenter de différentes manières.

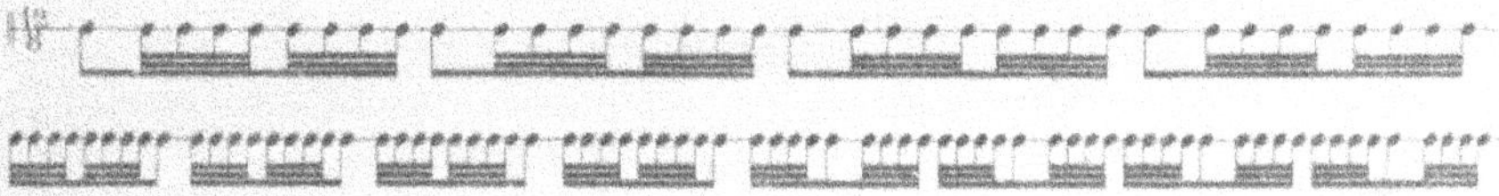

Un temps occupé par deux ♪ et huit ♪ pouvant se présenter de différentes manières.

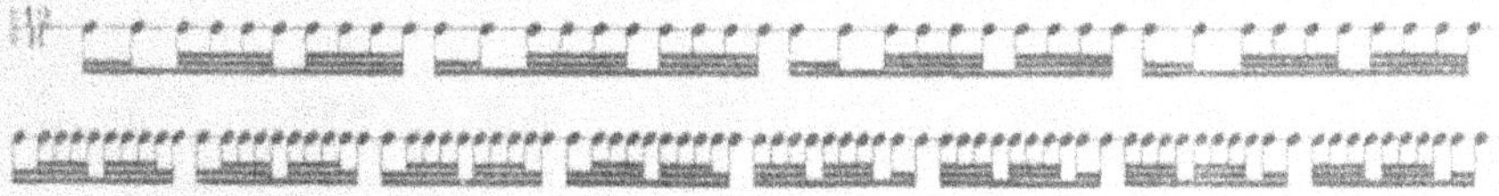

Un temps occupé par une ♪ et dix ♪♪ pouvant se présenter de différentes manières.

Un temps occupé par douze ♪

RÉSUMÉ DE TOUT CE QUI PRÉCÈDE

Emploi dans la même mesure des différentes combinaisons rythmiques précédentes.

Un temps occupé par six ♪. et six ♪

Un temps occupé par une ♪ et huit ♪♪ pouvant se présenter de différentes manières.

Un temps occupé par une ♪, une ♪ et quatre ♪♪ pouvant se présenter de différentes manières.

Un temps occupé par une ♩, une ♪, une ♬ et deux ♬ pouvant se présenter de différentes manières.
Un temps occupé par deux ♪ et huit ♬ pouvant se présenter de différentes manières.
Un temps occupé par deux ♪, une ♪ et quatre ♬ pouvant se présenter de différentes manières.
Un temps occupé par une ♪, deux ♪ et huit ♬ pouvant se présenter de différentes manières.
Un temps occupé par une ♪, deux ♪, deux ♬ et quatre ♬ pouvant se présenter de différentes manières.
Un temps occupé par une ♪, quatre ♬ et huit ♬ pouvant se présenter de différentes manières.
Un temps occupé par une ♪ et seize ♬ pouvant se présenter de différentes manières.

Un temps occupé par deux ♪ et seize ♫ pouvant se présenter de différentes manières.

Un temps occupé par une ♪, quatre ♪ et douze ♫ pouvant se présenter de différentes manières.

Un temps occupé par huit ♪ et huit ♫ pouvant se présenter de différentes manières.

Un temps occupé par vingt quatre ♫

RÉSUMÉ DE TOUT CE QUI PRÉCÈDE

Emploi dans la même mesure des différentes combinaisons rythmiques précédentes.

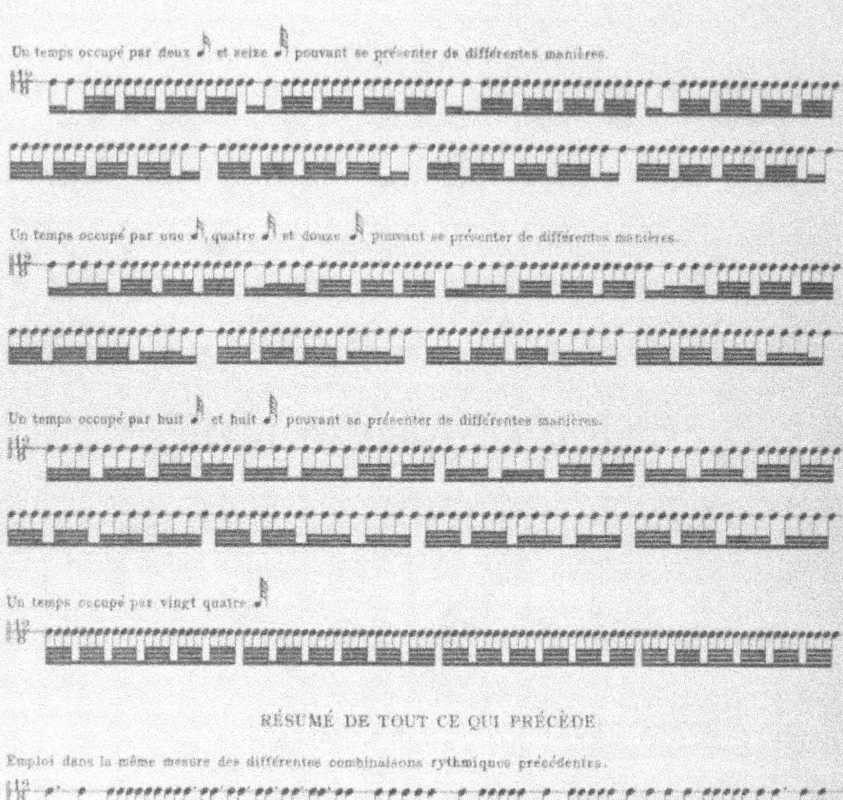

§ 2._ Étude du double point dans la mesure composée à $\frac{12}{8}$

Un temps occupé par une ♪·, une ♪ et une ♪ pouvant se présenter de différentes manières.

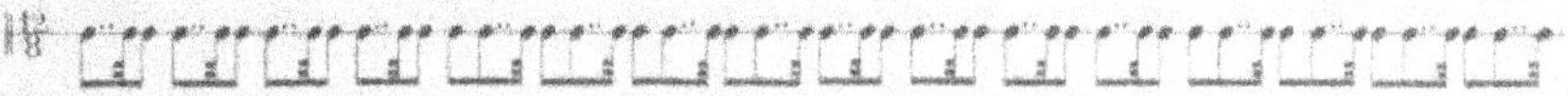

§ 3._ Étude des silences dans la mesure composée à $\frac{12}{8}$

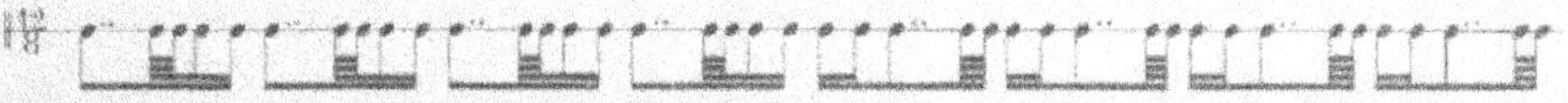

Un temps occupé par une ♪ et un 𝄾. Dans les mesures composées dont chaque temps est représenté par la valeur d'une ♩· le 𝄾 occupe les deux tiers d'un temps.

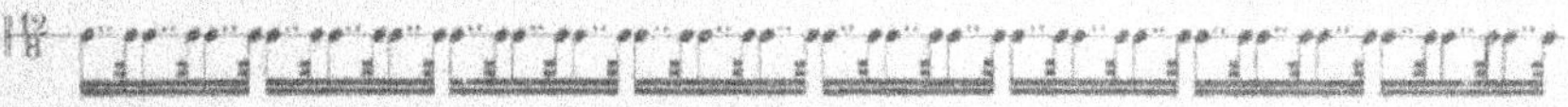

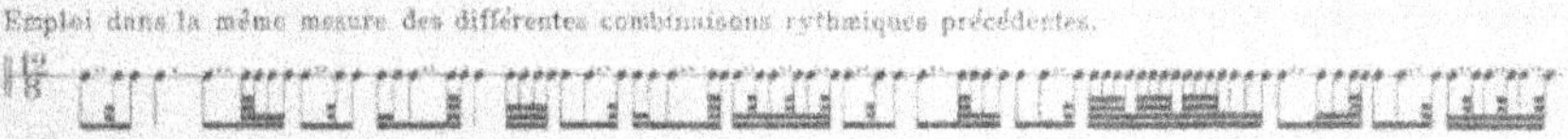

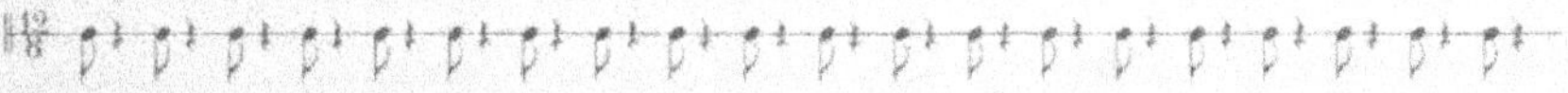

Deux temps occupés par une ♩ et un 𝄾.

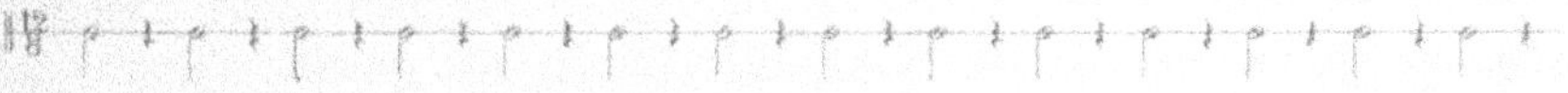

Un temps occupé par une ♪ et un 𝄿. Dans les mesures composées dont chaque temps est représenté par la valeur d'une ♩· le 𝄿 occupe le tiers d'un temps.

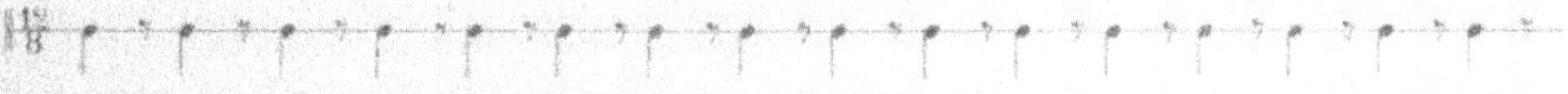

Un temps occupé par deux ♪ et un 𝄿 pouvant se présenter de différentes manières.

Un temps occupé par une ♪ et deux 𝄿

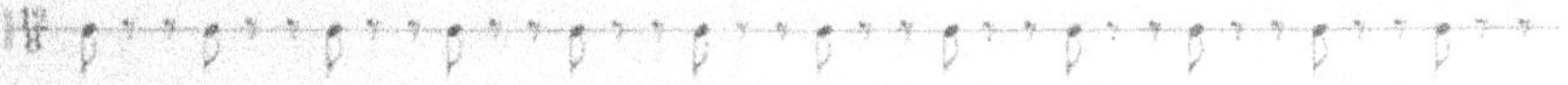

Un temps occupé par une ♪, un 𝄿 et deux ♪ pouvant se présenter de différentes manières.

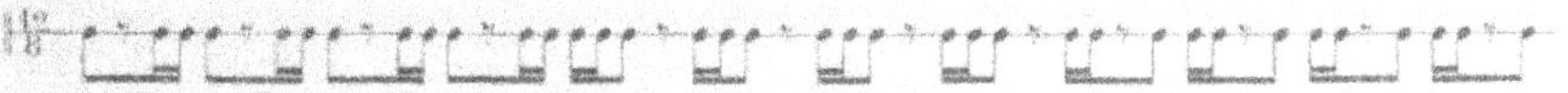

Un temps occupé par une ♪, un 𝄾 et quatre ♬ pouvant se présenter de différentes manières.

Un temps occupé par deux ♪, un 𝄾 et une ♪ pouvant se présenter de différentes manières. Dans les mesures composées dont chaque temps est représenté par la valeur d'une ♩. le 𝄾 occupe la sixième partie d'un temps.

Un temps occupé par trois ♪ et trois 𝄾

Un temps occupé par une ♪, deux ♪ et deux 𝄾 pouvant se présenter de différentes manières.

Un temps occupé par une ♪, un 𝄾, un 𝄾 et une ♪ pouvant se présenter de différentes manières.

Un temps occupé par deux ♪, un 𝄾, un 𝄾 et une ♪ pouvant se présenter de différentes manières. Dans les mesures composées dont chaque temps est représenté par la valeur d'une ♩. le 𝄾 occupe la deuxième partie d'un temps.

Un temps occupé par deux ♪, deux ♪ et deux 𝄾 pouvant se présenter de différentes manières.

Un temps occupé par une ♪, quatre ♪ et quatre 𝄾 pouvant se présenter de différentes manières.

Un temps occupé par six ♪ et six 𝄾

Un temps occupé par trois ♪, trois 𝄾 et trois ♪

Un temps occupé par deux ♪, un ♫, un ♬, un ♬ et une ♪ pouvant se présenter de différentes manières. Dans les mesures composées dont chaque temps est représenté par la valeur d'une ♩. le ♬ occupe la vingt quatrième partie d'un temps.

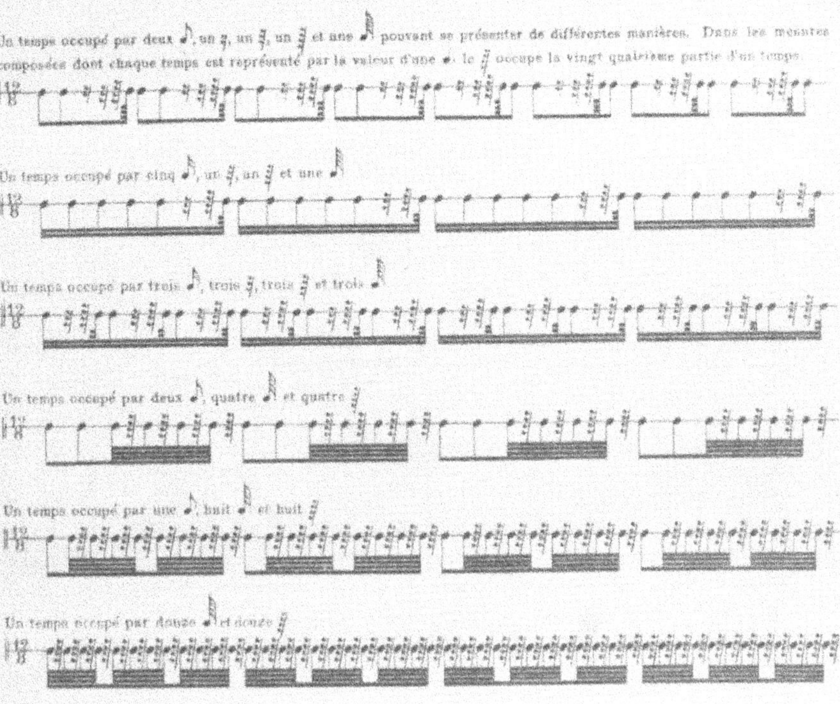

Un temps occupé par cinq ♪, un ♫, un ♬ et une ♪

Un temps occupé par trois ♪, trois ♫, trois ♬ et trois ♪

Un temps occupé par deux ♪, quatre ♫ et quatre ♪

Un temps occupé par une ♪, huit ♫ et huit ♪

Un temps occupé par douze ♫ et douze ♪

RÉSUMÉ DE L'ÉTUDE DES SILENCES DANS LA MESURE A $\frac{12}{8}$

Emploi dans la même mesure des différentes combinaisons rythmiques précédentes.

§ 4.— Etude du point après les silences dans la mesure composée à $\frac{12}{8}$

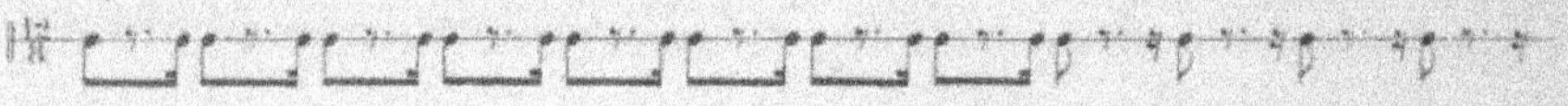

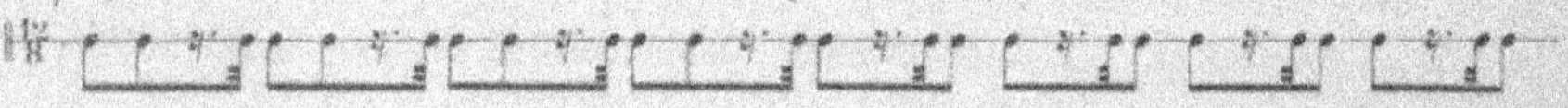

Le $\blacksquare$ équivalant à une $\bullet$ occupe deux temps.

Le $\frac{1}{}$ équivalant à une $\bullet$ occupe un temps entier.

Le $\frac{1}{}$ équivalant à une $\bullet$ occupe un tiers et un sixième de temps.

Le $\frac{1}{}$ équivalant à une $\bullet$ occupe la sixième et la douzième partie d'un temps.

Le $\frac{1}{}$ équivalant à une $\bullet$ occupe la douzième et la vingt quatrième partie d'un temps.

§ 5.— Etude du double point après les silences dans la mesure composée à $\frac{12}{8}$

Le $\frac{1}{}$ équivalant à un $\bullet$, à une $\bullet$ et à une $\bullet$ occupe un tiers, un sixième et un douzième de temps.

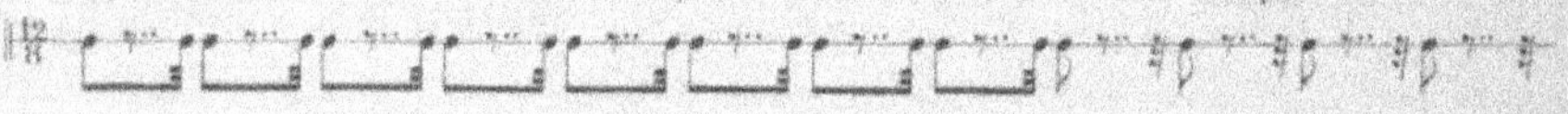

Le $\frac{1}{}$ équivalant à une $\bullet$, à une $\bullet$ et à une $\bullet$ occupe la sixième, la douzième et vingt quatrième partie d'un temps.

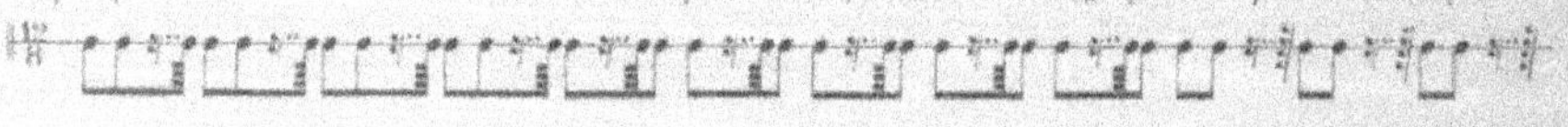

RÉSUMÉ DE L'ETUDE DES SILENCES POINTÉS ET DOUBLEMENT POINTÉS DANS LA MESURE A $\frac{12}{8}$

Emploi dans la même mesure des différentes combinaisons rythmiques précédentes.

Étude du triolet de doubles croches. — Dans les mesures composées dont chaque temps est représenté par la valeur d'une ♪. le triolet de doubles croches ayant la valeur d'une croche occupe la troisième partie d'un temps, puisqu'un temps contient la valeur de trois croches.

Un temps occupé par une ♪ et un triolet de ♪

Un temps occupé par deux ♪ et un triolet de ♪

Un temps occupé par une ♪ et deux triolets de ♪

Un temps occupé par trois triolets de ♪

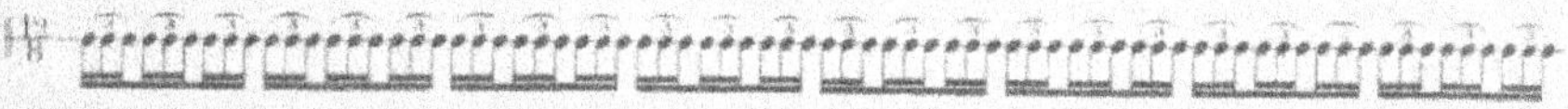

Introduction d'un silence (𝄽) dans la composition du triolet de ♪

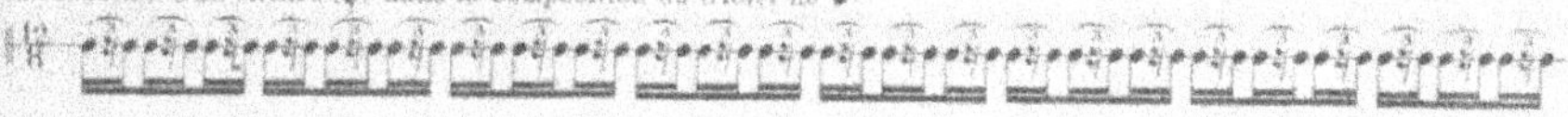

Étude du triolet de triples croches. — Dans les mesures composées dont chaque temps est représenté par la valeur d'une ♪ le triolet de triples croches ayant la valeur d'une double croche occupe la sixième partie d'un temps, puisqu'un temps contient la valeur de six doubles croches.

Un temps occupé par cinq ♪ et un triolet de ♪ pouvant se présenter de différentes manières.

Un temps occupé par quatre ♪ et deux triolets de ♪ pouvant se présenter de différentes manières.

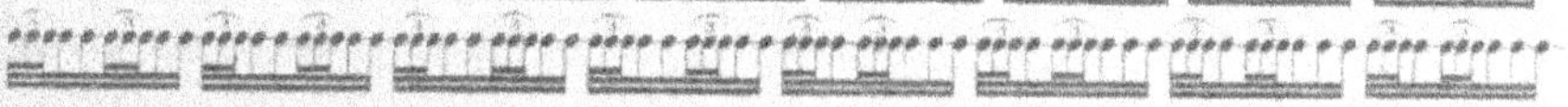

Un temps occupé par trois ♪ et trois triolets de ♪ pouvant se présenter de différentes manières.

Un temps occupé par deux ♪ et quatre triolets de ♪ pouvant se présenter de différentes manières.

Un temps occupé par une ♪ et cinq triolets de ♪ pouvant se présenter de différentes manières.

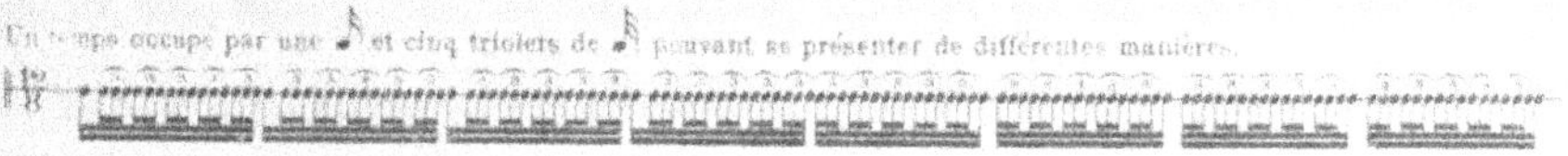

Un temps occupé par six triolets de ♪

Un temps occupé par une ♪, une ♪ et un triolet de ♪ pouvant se présenter de différentes manières.

Un temps occupé par deux ♪ et deux triolets de ♪ pouvant se présenter de différentes manières.

Un temps occupé par une ♪, une ♪ et trois triolets de ♪ pouvant se présenter de différentes manières.

Un temps occupé par une ♪ et quatre triolets de ♪ pouvant se présenter de différentes manières.

Introduction d'un silence (♯) dans la composition du triolet de ♪

Étude du triolet de quadruples croches. — Dans les mesures composées dont chaque temps est représenté par la valeur d'une ♪ le triolet de quadruples croches ayant la valeur d'une triple croche occupe la douzième partie d'un temps puisqu'un temps contient la valeur de douze triples croches.

Un temps occupé par cinq ♪, une ♪ et un triolet de ♪ pouvant se présenter de différentes manières.

Un temps occupé par cinq ♪ et deux triolets de ♪ pouvant se présenter de différentes manières.

Un temps occupé par quatre ♪, une ♪ et trois triolets de ♪ pouvant se présenter de différentes manières.

Un temps occupé par quatre ♪ et quatre triolets de ♪ pouvant se présenter de différentes manières.

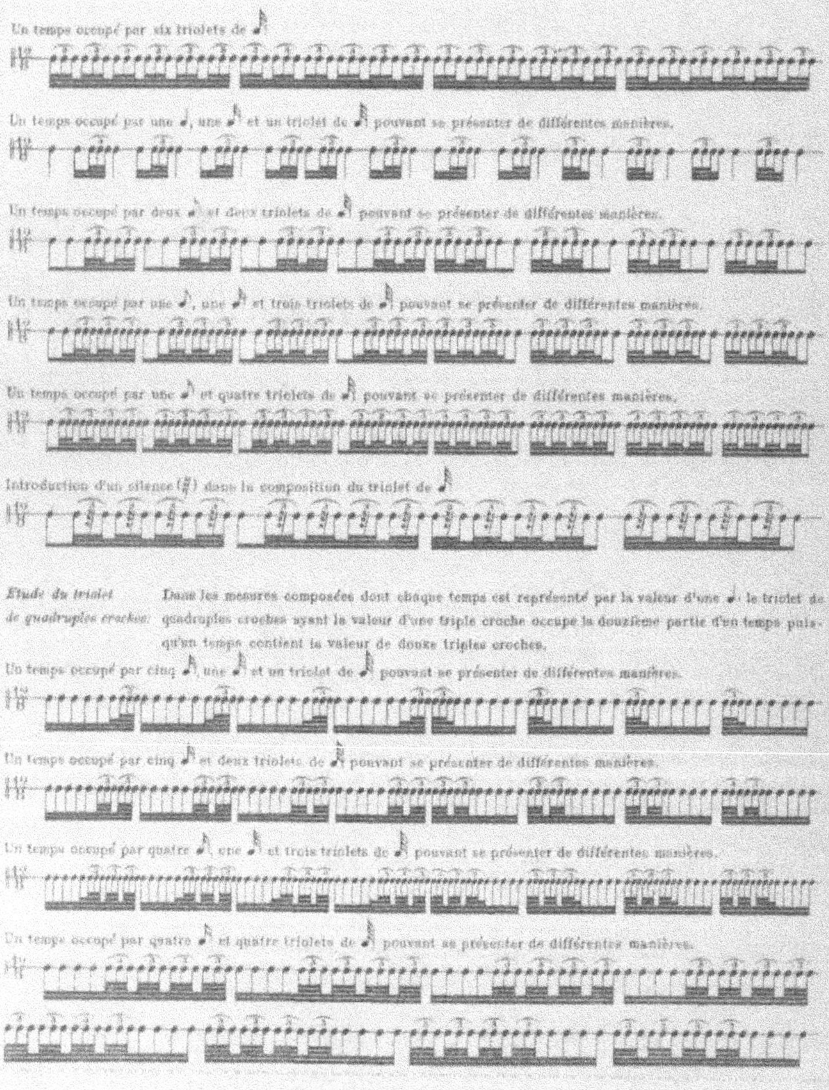

Un temps occupé par trois ♪, une ♪ et cinq triolets de ♪ pouvant se présenter de différentes manières.

Un temps occupé par trois ♪ et six triolets de ♪ pouvant se présenter de différentes manières.

Un temps occupé par deux ♪, une ♪ et sept triolets de ♪ pouvant se présenter de différentes manières.

Un temps occupé par deux ♪ et huit triolets de ♪ pouvant se présenter de différentes manières.

Un temps occupé par une ♪, une ♪ et neuf triolets de ♪ pouvant se présenter de différentes manières.

Un temps occupé par une ♪ et dix triolets de ♪ pouvant se présenter de différentes manières.

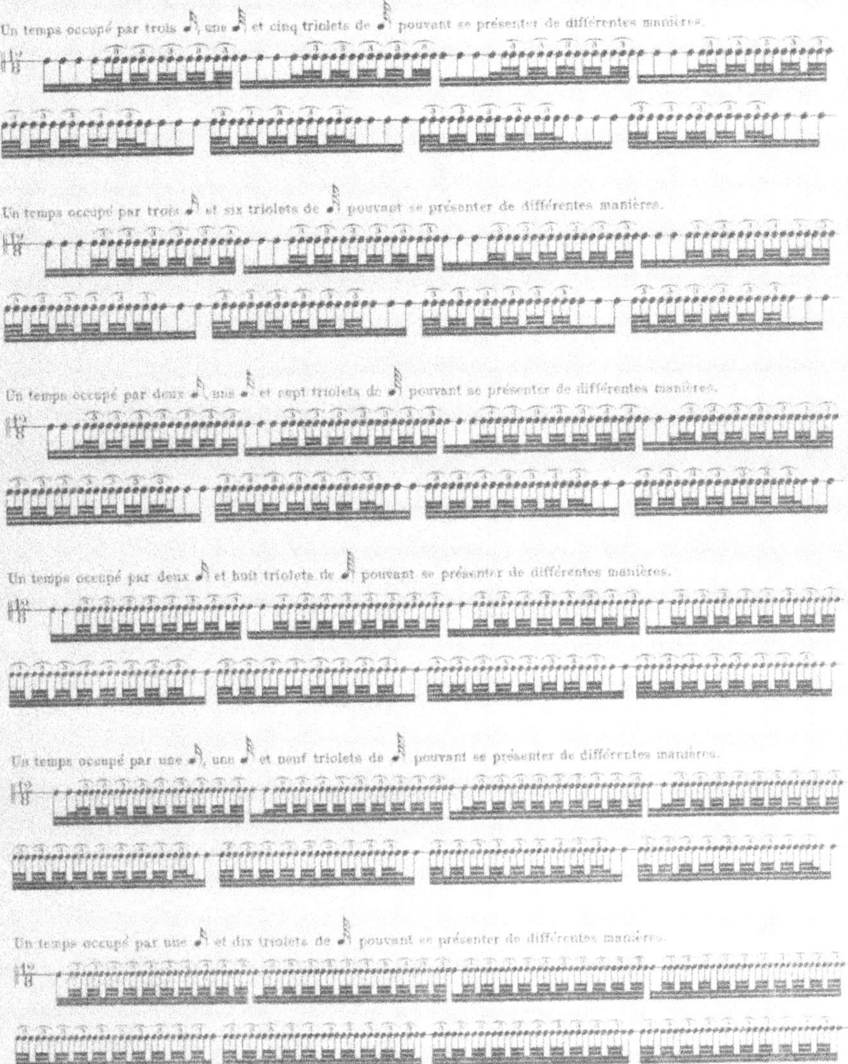

Un temps occupé par une ♪ et onze triolets de ♫ pouvant se présenter de différentes manières.

Un temps occupé par douze triolets de ♪

Introduction d'un silence (𝄾) dans la composition du triolet de ♪

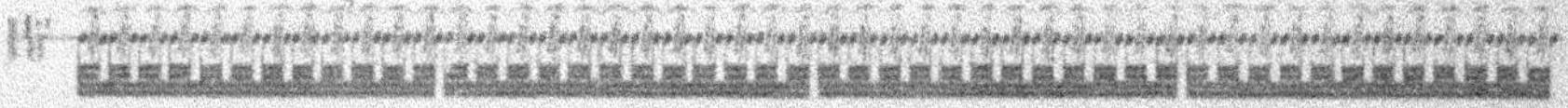

RÉSUMÉ DE TOUT CE QUI PRÉCÈDE SUR L'EMPLOI DU TRIOLET DANS LA MESURE À C

Emploi dans la même mesure des différentes combinaisons rythmiques précédentes.

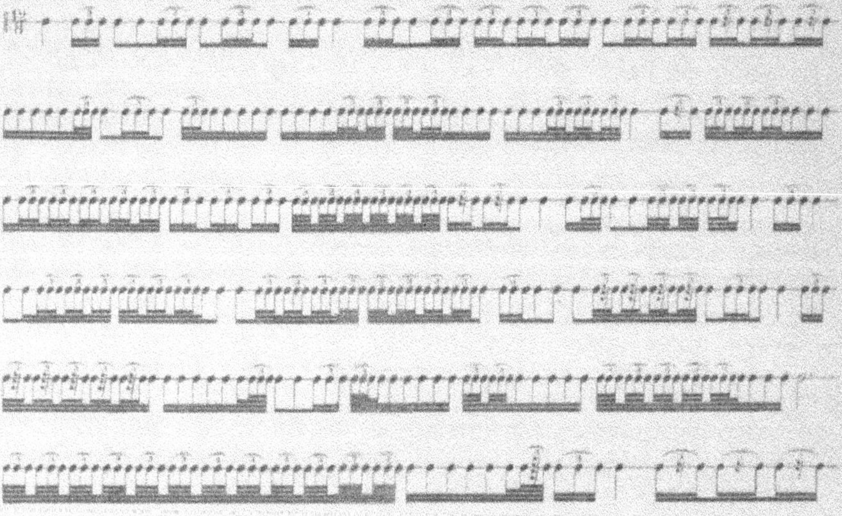

17.— Étude de la syncope dans la mesure composée à $\frac{12}{8}$

Syncopes articulées sur le temps faible.

Syncopes articulées sur les parties faibles des temps.

Syncopes entre ♩ et ♪

Syncopes entre ♪ et ♩

Syncopes entre ♪ et ♪

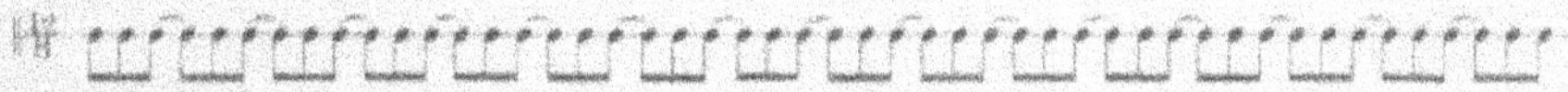

Syncopes entre ♪ et ♪

Syncopes entre ♪ et ♪

Syncopes entre ♪ et ♪

Combinaisons donnant plusieurs figures de syncopes brisées.

§ 8.—Etude du contre temps dans la mesure composée à $\frac{12}{8}$.

Sons articulés sur les temps faibles et non prolongés sur les temps forts.

Sons articulés sur les parties faibles des temps.

Emploi dans la même mesure des différentes combinaisons de contre temps citées précédemment.

§ 9.—Etude de la mesure composée à $\frac{6}{8}$. (Mesure composée dérivant de la mesure à $\frac{2}{4}$).

La mesure à $\frac{6}{8}$ contient dans sa totalité six fois la huitième partie de la ronde, c'est-à-dire la valeur de six croches puisque la ronde vaut huit croches. On a pour chaque temps de cette mesure la valeur de trois croches ou d'une noire pointée.

Dans les exercices suivants on devra trouver pour chaque mesure la valeur de deux noires pointées ou de six croches, et pour chaque temps la valeur d'une noire pointée ou de trois croches.

Exercice-résumé pour l'étude des différentes valeurs de notes dans la mesure à $\frac{6}{8}$.

Exercice-résumé pour l'étude du double point après les valeurs de notes dans la mesure à $\frac{6}{8}$.

Exercice-résumé pour l'étude des différents silences dans la mesure à $\frac{6}{8}$.

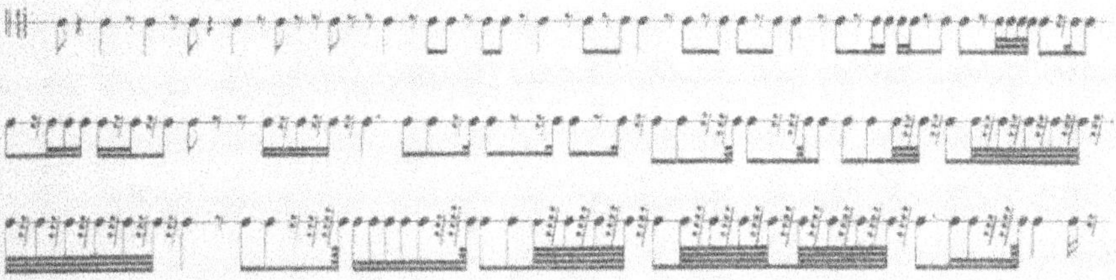

Exercice-résumé pour l'étude du point après les silences dans la mesure à $\frac{6}{8}$.

Exercice-résumé pour l'étude du double point après les silences dans la mesure à $\frac{6}{8}$.

Exercice-résumé pour l'étude du triolet dans la mesure à $\frac{6}{8}$.

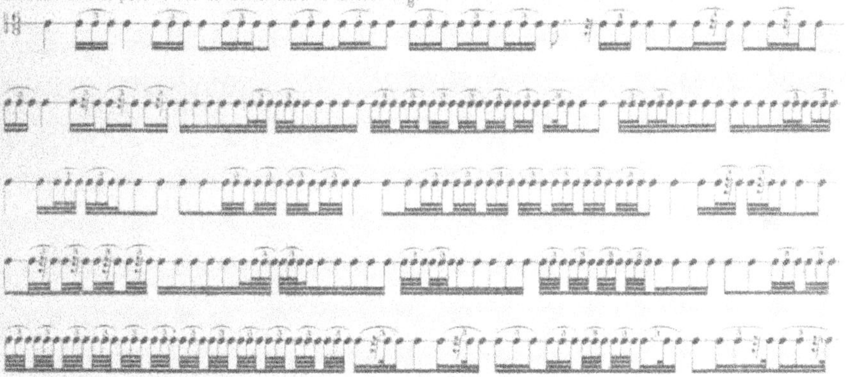

Exercice-résumé pour l'étude de la syncope dans la mesure à 9/8.

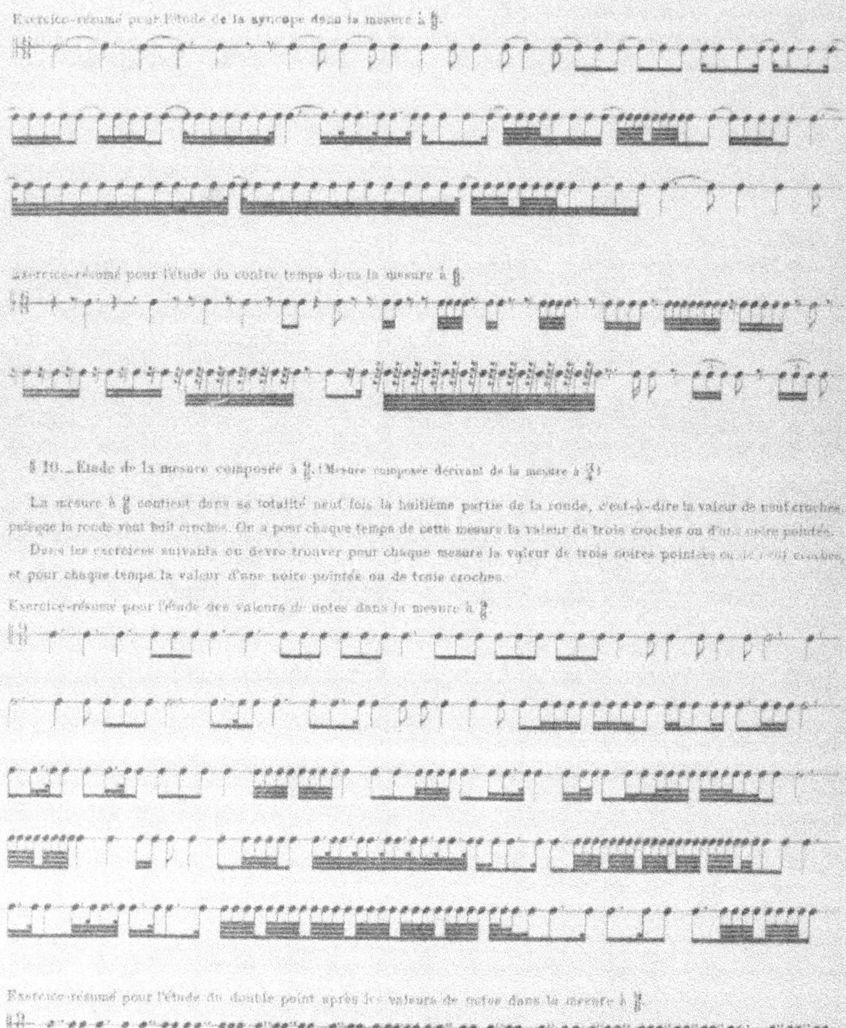

Exercice-résumé pour l'étude du contre-temps dans la mesure à 9/8.

§ 10.— Étude de la mesure composée à 9/8. (Mesure composée dérivant de la mesure à 3/4.)

La mesure à 9/8 contient dans sa totalité neuf fois la huitième partie de la ronde, c'est-à-dire la valeur de neuf croches, puisque la ronde vaut huit croches. On a pour chaque temps de cette mesure la valeur de trois croches ou d'une noire pointée.

Dans les exercices suivants on devra trouver pour chaque mesure la valeur de trois noires pointées ou de neuf croches, et pour chaque temps la valeur d'une noire pointée ou de trois croches.

Exercice-résumé pour l'étude des valeurs de notes dans la mesure à 9/8.

Exercice-résumé pour l'étude du double point après les valeurs de notes dans la mesure à 9/8.

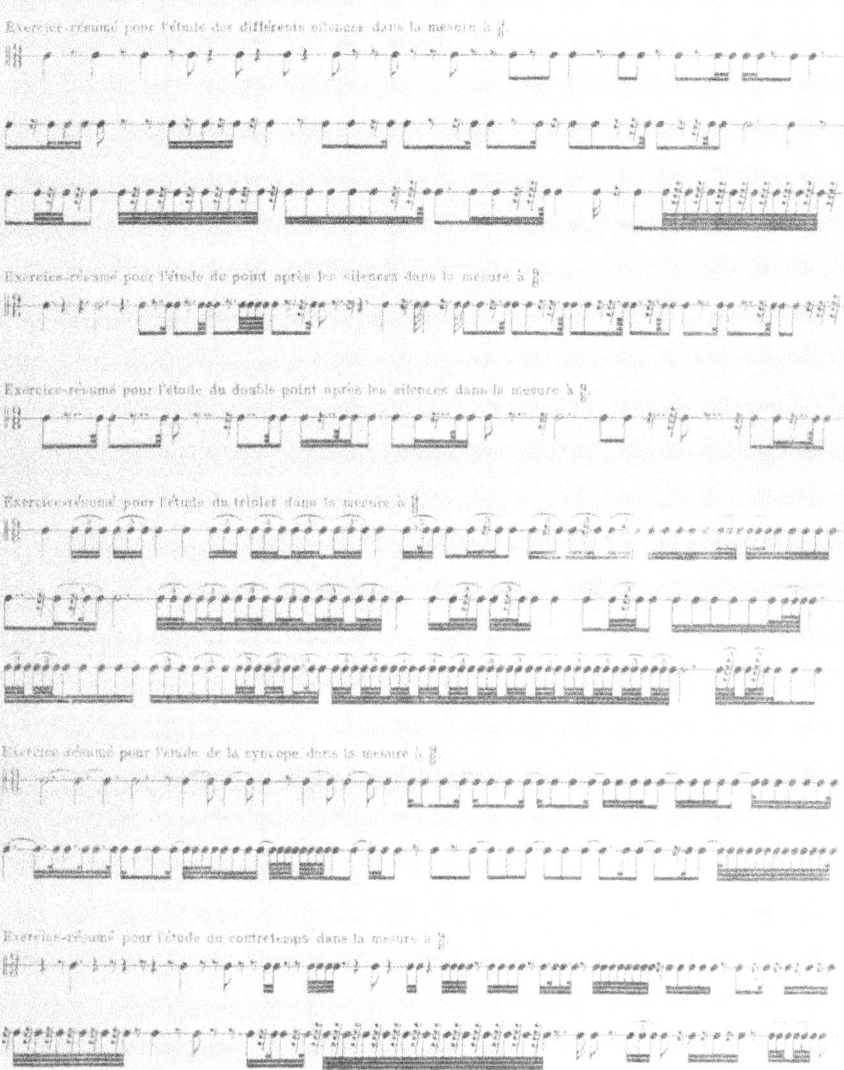
Exercice-résumé pour l'étude des différents silences dans la mesure à 6/8.
Exercice-résumé pour l'étude du point après les silences dans la mesure à 6/8.
Exercice-résumé pour l'étude du double point après les silences dans la mesure à 6/8.
Exercice-résumé pour l'étude du triolet dans la mesure à 6/8.
Exercice-résumé pour l'étude de la syncope dans la mesure à 6/8.
Exercice-résumé pour l'étude du contretemps dans la mesure à 6/8.

CHAPITRE V

Etude des mesures composées dont chaque temps est représenté par la valeur d'une croche pointée

---

Les mesures composées dont chaque temps est représenté par la valeur d'une croche pointée sont: 1° la mesure à $\frac{12}{16}$ qui est la mesure composée dérivant de la mesure simple à $\frac{4}{8}$ et qui se bat comme elle à quatre temps; 2° la mesure à $\frac{9}{16}$ qui est la mesure composée dérivant de la mesure simple à $\frac{3}{8}$ et qui se bat comme elle à trois temps; 3° la mesure à $\frac{6}{16}$ qui est la mesure composée dérivant de la mesure simple à $\frac{2}{8}$ et qui se bat comme elle à deux temps.

La plus usitée de ces mesures est la mesure à $\frac{9}{16}$.

ETUDE DE LA MESURE A $\frac{9}{16}$

Mesure composée dérivant de la mesure simple à $\frac{3}{8}$ et se battant comme elle à trois temps.

La mesure composée à $\frac{9}{16}$ contient dans sa totalité neuf fois la seizième partie de la ronde, c'est-à-dire la valeur de neuf doubles crochés, puisque la ronde vaut seize doubles croches. On a pour chaque temps de cette mesure la valeur de trois doubles croches ou d'une croche pointée.

Dans les exercices suivants on devra trouver pour chaque mesure la valeur de trois croches pointées ou de neuf doubles croches, et pour chaque temps la valeur d'une croche pointée ou de trois doubles croches.

Exercice-résumé pour l'étude des valeurs de notes dans la mesure à $\frac{9}{16}$.

Exercice-résumé pour l'étude du double point après les valeurs de notes dans la mesure à $\frac{9}{16}$.

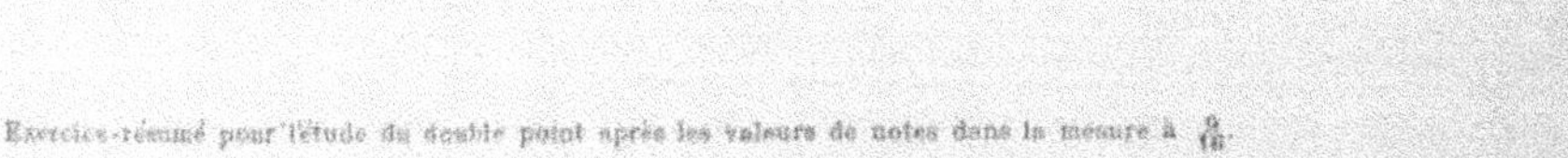

Exercice-résumé pour l'étude des silences dans la mesure à $\frac{9}{16}$.

Exercice-résumé pour l'étude du point après les silences dans la mesure à $\frac{9}{16}$.

Exercice-résumé pour l'étude du double point après les silences dans la mesure à $\frac{9}{16}$.

Exercice-résumé pour l'étude du triolet dans la mesure à $\frac{9}{16}$.

Exercice-résumé pour l'étude de la syncope dans la mesure à $\frac{9}{16}$.

Exercice-résumé pour l'étude du contre temps dans la mesure à $\frac{9}{16}$.

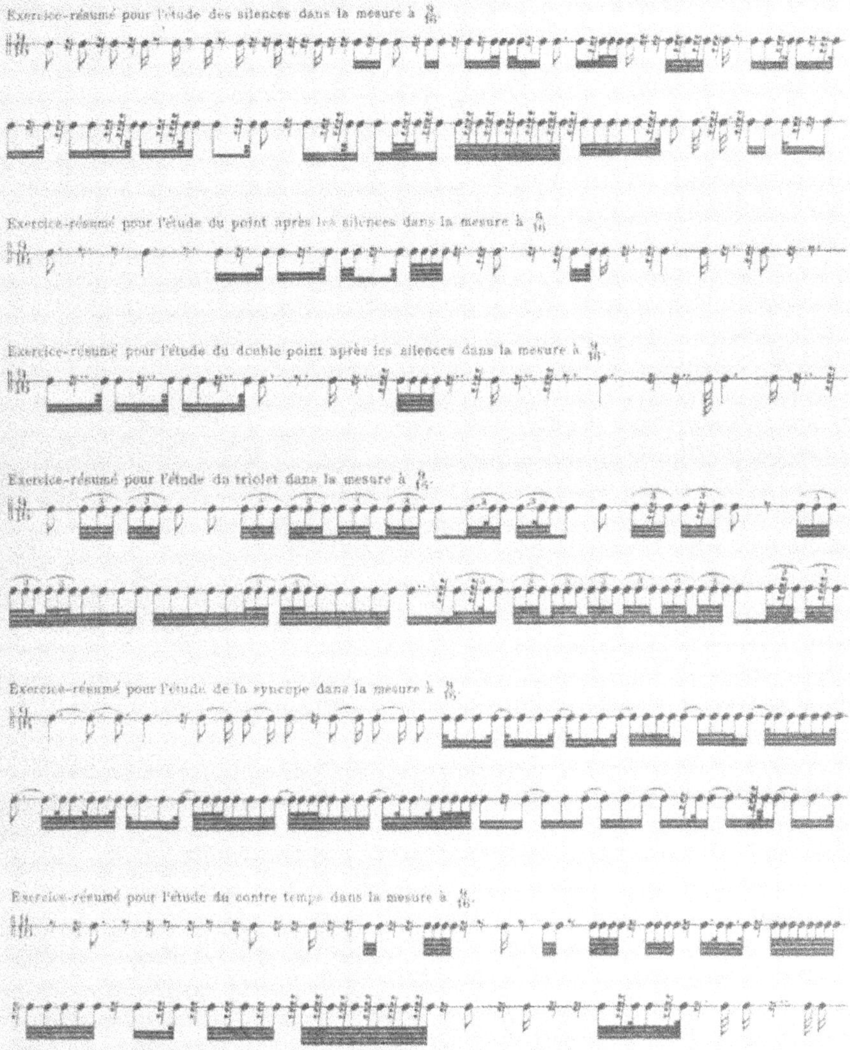

CHAPITRE VI

Étude des mesures composées dont chaque temps est représenté par la valeur d'une blanche pointée

Les mesures composées dont chaque temps est représenté par la valeur d'une blanche pointée sont: 1° la mesure à $\frac{12}{4}$ qui est la mesure composée dérivant de la mesure simple à $\frac{4}{4}$ et qui se bat comme elle à quatre temps; 2° la mesure à $\frac{9}{4}$ qui est la mesure composée dérivant de la mesure simple à $\frac{3}{4}$ et qui se bat comme elle à trois temps; 3° la mesure à $\frac{6}{4}$ qui est la mesure composée dérivant de la mesure simple à $\frac{2}{4}$ ou C et qui se bat comme elle à deux temps.

La plus usitée de ces mesures est la mesure à $\frac{6}{4}$.

ÉTUDE DE LA MESURE A $\frac{6}{4}$

Mesure composée dérivant de la mesure simple à $\frac{2}{4}$ ou C et se battant comme elle à deux temps.

La mesure composée à $\frac{6}{4}$ contient dans sa totalité six fois la quatrième partie de la ronde, c'est-à-dire la valeur de six noires, puisque la ronde vaut quatre noires. On a pour chaque temps de cette mesure la valeur de trois noires ou d'une blanche pointée.

Dans les exercices suivants on devra trouver pour chaque mesure la valeur de deux blanches pointées ou de six noires, et pour chaque temps la valeur d'une blanche pointée ou de trois noires.

Exercice-résumé pour l'étude des valeurs de notes dans la mesure à $\frac{6}{4}$.

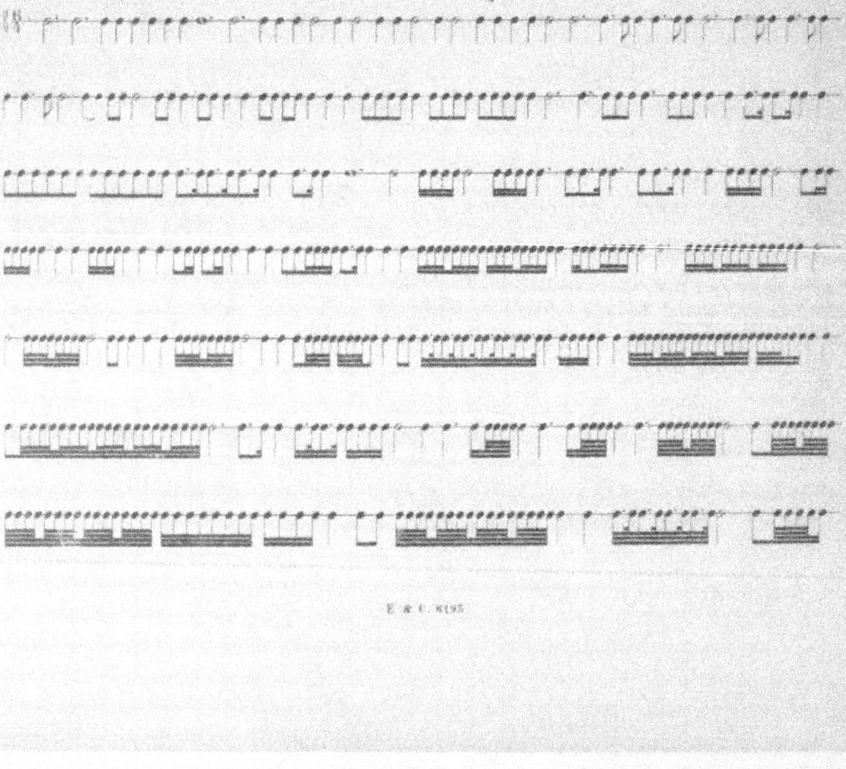

Exercice-résumé pour l'étude du double point après les valeurs de notes dans la mesure à $\frac{6}{8}$

Exercice-résumé pour l'étude des différents silences dans la mesure à $\frac{9}{8}$

Exercice-résumé pour l'étude du point après les silences dans la mesure à $\frac{9}{8}$

Exercice-résumé pour l'étude du double point après les silences dans la mesure à $\frac{9}{8}$

Exercice-résumé pour l'étude du triolet dans la mesure à 6/8.

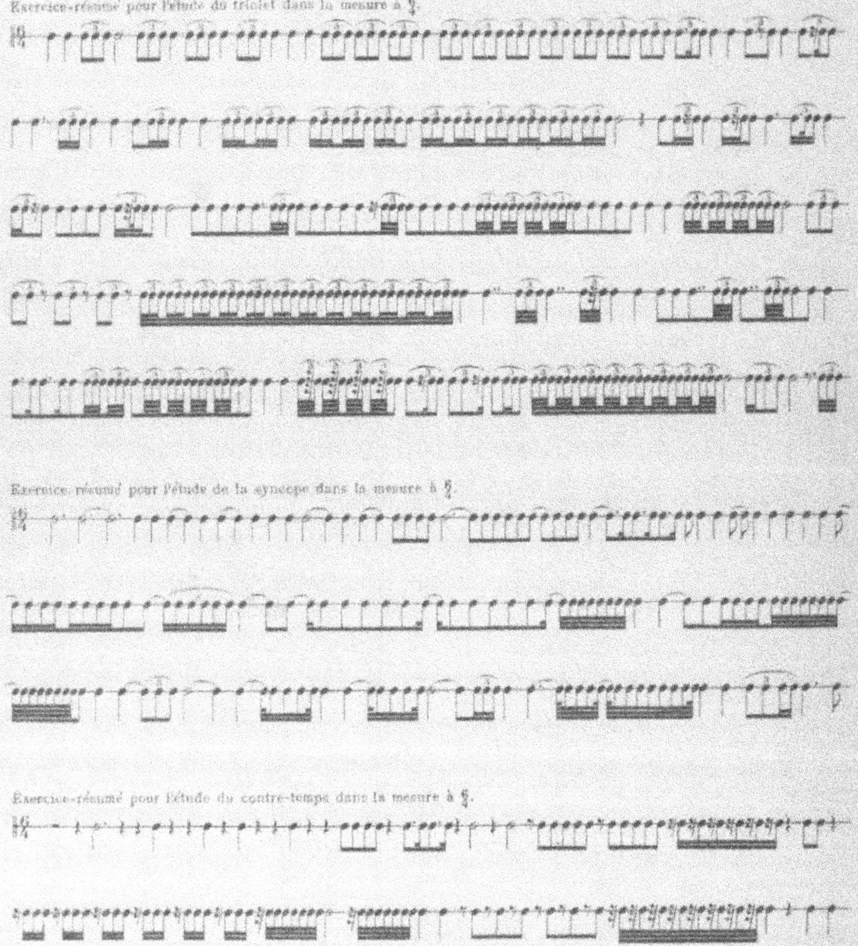

Exercice-résumé pour l'étude de la syncope dans la mesure à 6/8.

Exercice-résumé pour l'étude du contre-temps dans la mesure à 6/8.

FIN DE LA 1ᵉ PARTIE

DEUXIÈME PARTIE

Exercices rythmiques en 5 séries

PREMIÈRE SÉRIE

MESURES INCOMPLÈTES A COMPLÉTER

1°.— De quatre manières différentes, exclusivement avec des valeurs de notes.

2°.— D'une seule manière, exclusivement avec des silences.

3°.— De quatre manières différentes, avec des valeurs de notes et des silences combinés ensemble.

Un exemple fera comprendre parfaitement ce genre d'exercices.

DEMANDE. Compléter 1° De quatre manières différentes, exclusivement avec des valeurs de notes une mesure à C ou $\frac{4}{4}$ contenant déjà une ♩ et un ♪.

DEMANDE. Compléter 2° D'une seule manière, exclusivement avec des silences, la même mesure à $\frac{4}{4}$ contenant déjà, comme celle indiquée ci-dessus, une ♩ et un ♪.

RÉPONSE.

DEMANDE. Compléter 3° De quatre manières différentes, avec des valeurs de notes et des silences combinés ensemble, la même mesure à $\frac{4}{4}$ contenant déjà comme celle indiquée ci-dessus, une ♩ et un ♪.

Comme on le voit par l'exemple précédent, la mesure à $\frac{4}{4}$ proposée et contenant déjà une ♩ et un ♪ a été complétée

1°.— De quatre manières différentes, exclusivement avec des valeurs de notes;

2°.— D'une seule manière, exclusivement avec des silences;

3°.— De quatre manières différentes, avec des valeurs de notes et des silences.

C'est ainsi que l'on devra procéder dans les exercices suivants.

ETUDE DE LA MESURE SIMPLE A $\frac{2}{4}$

Contenant la valeur de deux quarts de ronde

On devra compléter comme il a été indiqué dans les exemples précédents, page 73, chacun des fragments de mesure à $\frac{2}{4}$ écrits ci-dessous.

1° — De quatre manières différentes, exclusivement avec des valeurs de notes;

2° — D'une seule manière, exclusivement avec des silences;

3° — De quatre manières différentes avec des valeurs de notes et des silences combinés ensemble.

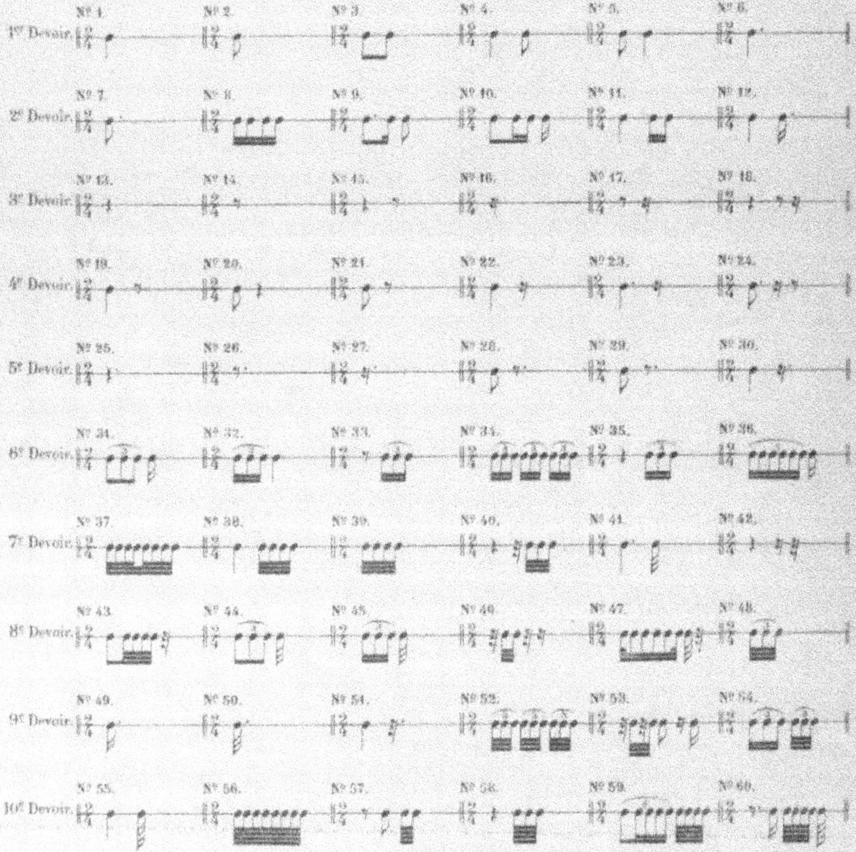

ÉTUDE DE LA MESURE SIMPLE A 3/4

Contenant la valeur de trois quarts de ronde

On devra compléter comme il a été indiqué dans les exemples précédents, page 73, chacun des fragments de mesure à 3/4 écrits ci-dessous.

1°... De quatre manières différentes, exclusivement avec des valeurs de notes;

2°... D'une seule manière, exclusivement avec des silences;

3°... De quatre manières différentes, avec des valeurs de notes et des silences combinés ensemble.

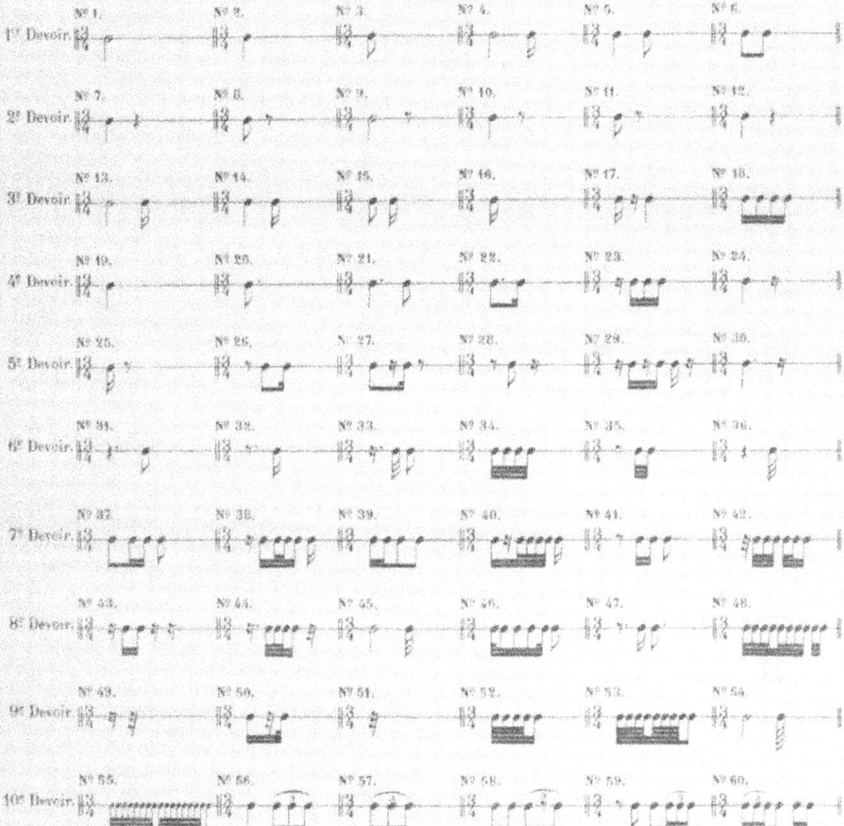

ÉTUDE DE LA MESURE SIMPLE A $\frac{4}{4}$

Contenant la valeur de quatre quarts de ronde

On devra compléter comme il a été indiqué dans les exemples précédents, page 73, chacun des fragments de mesure à $\frac{4}{4}$ écrits ci-dessous.

1° — De quatre manières différentes, exclusivement avec des valeurs de notes;

2° — D'une seule manière, exclusivement avec des silences;

3° — De quatre manières différentes, avec des valeurs de notes et des silences combinés ensemble.

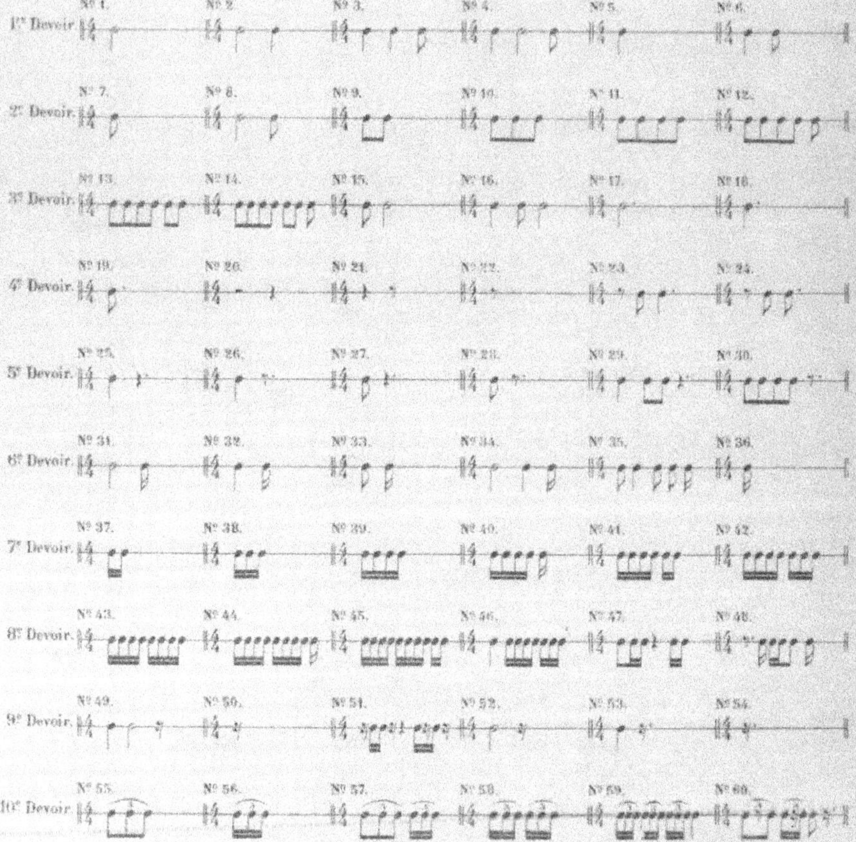

ÉTUDE DE LA MESURE SIMPLE A $\frac{3}{8}$

Contenant la valeur de trois huitièmes de ronde (3 croches)

On devra compléter chacun des fragments de mesure à $\frac{3}{8}$ écrits ci-dessous, en se conformant aux différentes indications données dans les trois exemples de la page 73, c'est-à-dire:

1° — De quatre manières différentes, exclusivement avec des valeurs de notes;

2° — D'une seule manière, exclusivement avec des silences;

3° — De quatre manières différentes, avec des valeurs de notes et des silences combinés ensemble.

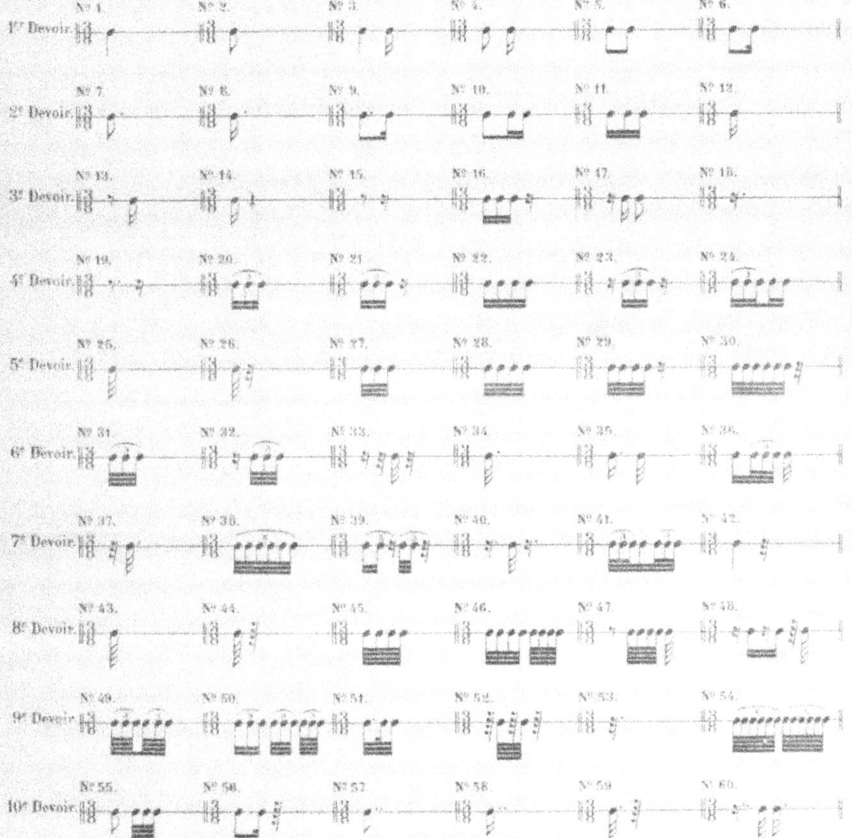

ÉTUDE DE LA MESURE SIMPLE A 3/2

Contenant la valeur de trois moitiés de ronde.

On devra compléter chaque fragment de mesure à 3/2 écrit ci-dessous, en se conformant aux différentes indications données dans les trois exemples de la page 73, c'est-à-dire:

1º _ De quatre manières différentes, exclusivement avec des valeurs de notes;

2º _ D'une seule manière, exclusivement avec des silences;

3º _ De quatre manières différentes, avec des valeurs de notes et des silences combinés ensemble.

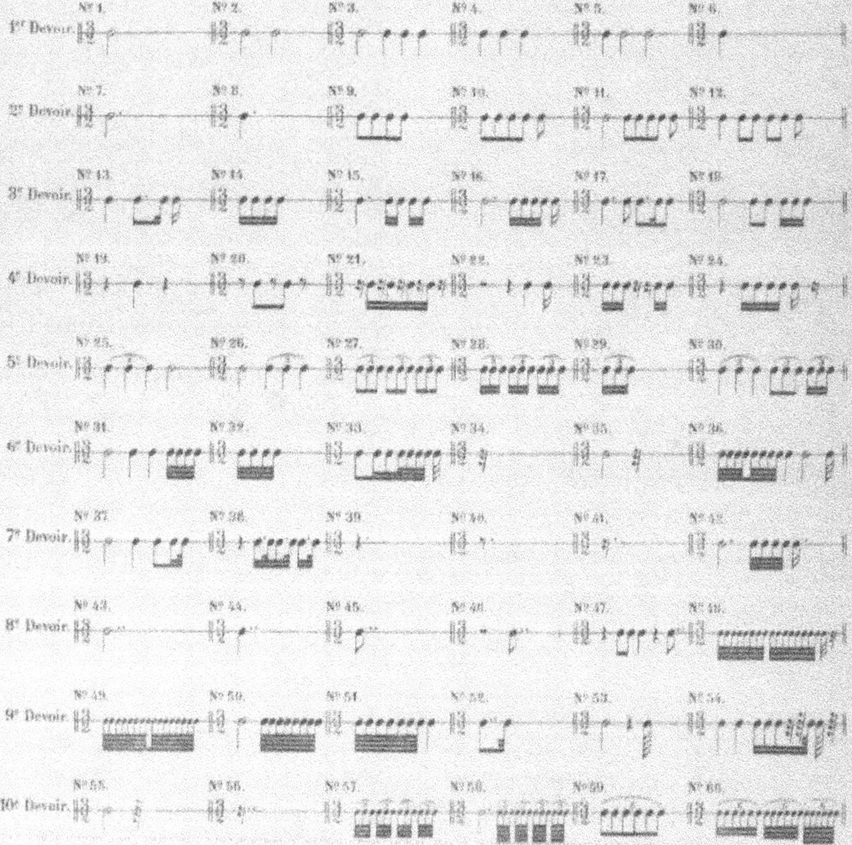

ÉTUDE DE LA MESURE COMPOSÉE A $\frac{6}{8}$

Dérivant de la mesure simple à $\frac{2}{4}$ et contenant la valeur de six huitièmes de ronde

On devra compléter chacun des fragments de mesure à $\frac{6}{8}$ écrits ci-dessous, en se conformant aux différentes indications données dans les trois exemples de la page 73, c'est-à-dire:

1º_ De quatre manières différentes, exclusivement avec des valeurs de notes;

2º_ D'une seule manière, exclusivement avec des silences;

3º_ De quatre manières différentes, avec des valeurs de notes et des silences combinés ensemble.

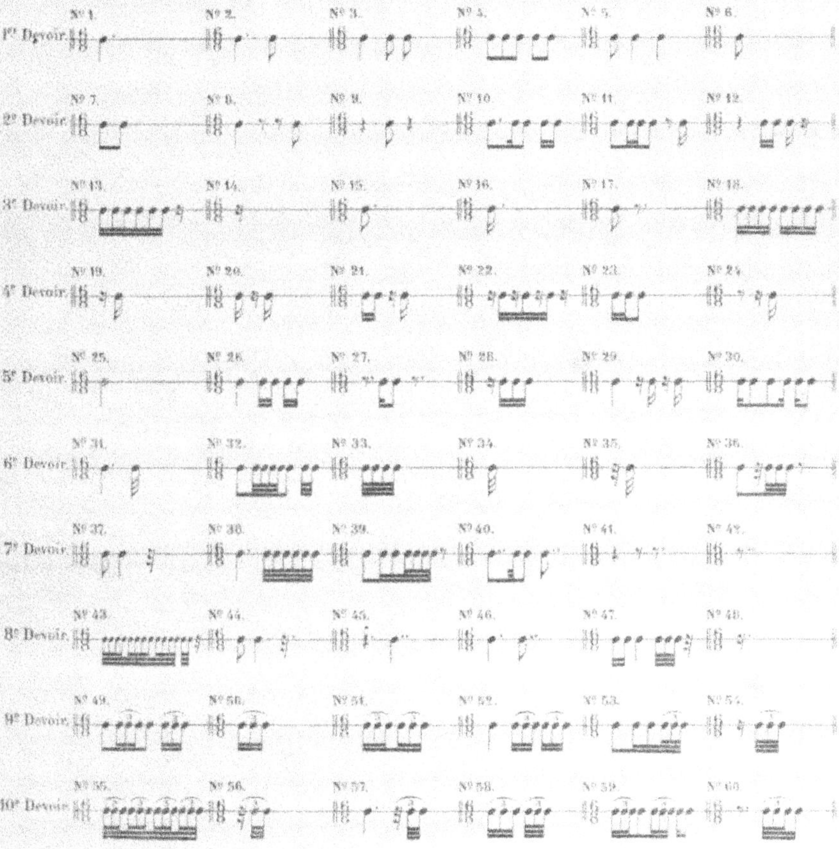

ÉTUDE DE LA MESURE COMPOSÉE A $\frac{9}{8}$

Dérivant de la mesure simple à $\frac{3}{4}$ et contenant la valeur de neuf huitièmes de ronde

On devra compléter chacun des fragments de mesure à $\frac{9}{8}$ écrits ci-dessous, en se conformant aux différentes indications données dans les trois exemples de la page 73, c'est-à-dire:

1º — De quatre manières différentes, exclusivement avec des valeurs de notes;

2º — D'une seule manière, exclusivement avec des silences;

3º — De quatre manières différentes, avec des valeurs de notes et des silences combinés ensemble.

ÉTUDE DE LA MESURE COMPOSÉE A $\frac{12}{8}$

Dérivant de la mesure simple à $\frac{4}{4}$ et contenant la valeur de douze huitièmes de ronde.

On devra compléter chacun des fragments de mesure à $\frac{12}{8}$ écrits ci-dessous en se conformant aux différentes indications données dans les trois exemples de la page 73, c'est-à-dire:

1°... De quatre manières différentes, exclusivement avec des valeurs de notes;

2°... D'une seule manière, exclusivement avec des silences;

3°... De quatre manières différentes, avec des valeurs de notes et des silences combinés ensemble.

ÉTUDE DE LA MESURE COMPOSÉE A $\frac{6}{4}$

Dérivant de la mesure simple à $\frac{3}{4}$ et contenant la valeur de six quarts de ronde

On devra compléter chacun des fragments de mesure à $\frac{6}{4}$ écrits ci-dessous en se conformant aux différentes indications données dans les trois exemples de la page 73, c'est-à-dire:

1º _ De quatre manières différentes, exclusivement avec des valeurs de notes;

2º _ D'une seule manière, exclusivement avec des silences;

3º _ De quatre manières différentes, avec des valeurs de notes et des silences combinés ensemble.

ETUDE DE LA MESURE COMPOSÉE A $\frac{9}{16}$

Dérivant de la mesure simple à $\frac{3}{8}$ et contenant la valeur de neuf seizièmes de ronde (9 doubles croches)

On devra compléter chacun des fragments de mesure à $\frac{9}{16}$ écrits ci-dessous en se conformant aux différentes indications données dans les trois exemples de la page 73, c'est-à-dire:

1º.— De quatre manières différentes, exclusivement avec des valeurs de notes;

2º.— D'une seule manière, exclusivement avec des silences;

3º.— De quatre manières différentes, avec des valeurs de notes et des silences.

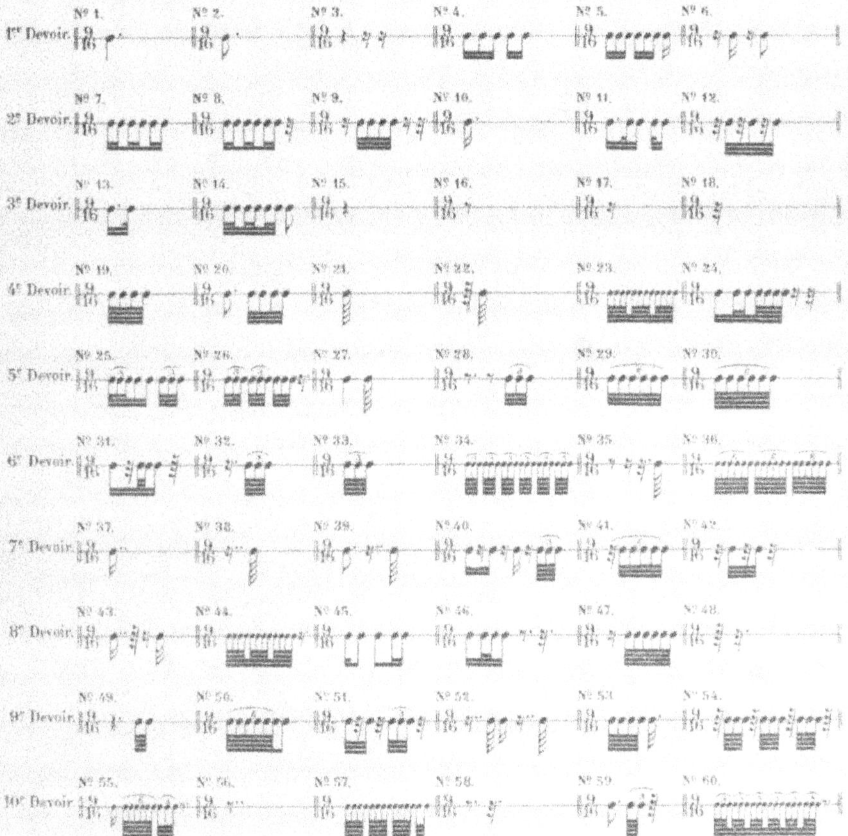

DEUXIÈME SÉRIE

Composition de mesures avec un nombre déterminé de notes

Dans cet exercice on formera le nombre de mesures indiquées:

1° — En n'introduisant dans chaque mesure que le nombre de notes demandé.

2° — En donnant une valeur à ces notes.

3° — En utilisant, s'il y a lieu, les silences et les points d'augmentation pour compléter la mesure.

Les exemples suivants feront comprendre parfaitement ce genre d'exercices.

1ᵉʳ EXEMPLE

DEMANDE. Former dix mesures à $\frac{2}{4}$ avec deux notes (♩ ♩) en donnant à ces deux notes une valeur et en complétant les mesures avec des silences ou des points d'augmentation.

RÉPONSE.

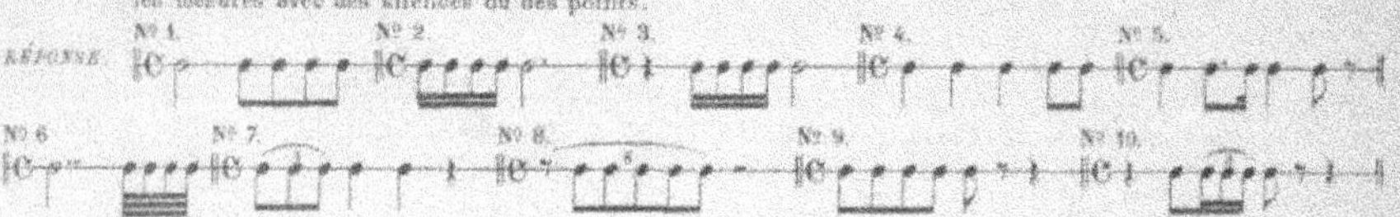

Comme on le voit en analysant cet exemple, chacune de ces dix mesures ne contient que deux notes auxquelles on a donné différentes valeurs, en complétant les mesures avec des silences ou des points d'augmentation.

2ᵉ EXEMPLE

DEMANDE. Former dix mesures à $\frac{4}{4}$ avec cinq notes (♪♪♪♪♪) en donnant à ces cinq notes une valeur et en complétant les mesures avec des silences ou des points.

RÉPONSE.

Comme on le voit en analysant cet exemple, chacune de ces dix mesures ne contient que cinq notes auxquelles on a donné différentes valeurs, en complétant les mesures avec des silences ou des points.

3ᵉ EXEMPLE

DEMANDE. Former douze mesures à $\frac{6}{8}$ avec onze notes (♪♪♪♪♪♪♪♪♪♪♪) en donnant à ces onze notes une valeur et en complétant les mesures avec des silences ou des points.

RÉPONSE.

Comme on le voit dans l'exemple précédent, chacune de ces douze mesures ne contient que onze notes auxquelles on a donné différentes valeurs, en complétant les mesures avec des silences ou des points.

Dans les exercices qui vont suivre on devra procéder comme il a été indiqué dans les exemples précédents.

EXERCICES SUR LA MESURE A $\frac{2}{4}$

N° 1	Former	5	mesures à $\frac{2}{4}$ avec	1	note pour chaque mesure
N° 2		10		3	
N° 3		10		4	
N° 4		10		6	
N° 5		8		7	
N° 6		8		8	
N° 7		4		9	
N° 8		4		11	
N° 9		4		12	
N° 10		4		13	
N° 11		4		15	
N° 12		4		16	
N° 13		2		18	
N° 14		2		20	
N° 15		2		22	
N° 16		2		23	
N° 17		2		25	
N° 18		2		28	
N° 19		2		30	
N° 20		2		32	

EXERCICES SUR LA MESURE A $\frac{3}{4}$

N° 1	Former	6	mesures à $\frac{3}{4}$ avec	1	note pour chaque mesure
N° 2		8		2	
N° 3		10		3	
N° 4		10		4	
N° 5		10		5	
N° 6		10		6	
N° 7		8		8	
N° 8		5		10	
N° 9		4		12	
N° 10		4		14	
N° 11		4		15	
N° 12		4		16	
N° 13		2		18	
N° 14		2		22	
N° 15		2		24	
N° 16		2		30	
N° 17		2		32	
N° 18		2		38	
N° 19		2		40	
N° 20		2		48	

EXERCICES SUR LA MESURE A $\frac{4}{4}$

N° 1	Former	5	mesures à $\frac{4}{4}$ avec	1	note pour chaque mesure
N° 2		8		2	
N° 3		10		4	
N° 4		10		6	
N° 5		10		7	
N° 6		10		8	
N° 7		8		10	
N° 8		8		12	
N° 9		6		14	
N° 10		5		16	
N° 11		4		18	
N° 12		4		20	
N° 13		4		24	
N° 14		4		28	
N° 15		2		30	
N° 16		2		35	
N° 17		2		40	
N° 18		2		50	
N° 19		2		60	
N° 20		2		64	

EXERCICES SUR LA MESURE A $\frac{3}{8}$

N° 1	Former	6	mesures à $\frac{3}{8}$ avec	1 note pour chaque mesure
N° 2	—	8	—	2 —
N° 3	—	10	—	3 —
N° 4	—	10	—	4 —
N° 5	—	10	—	5 —
N° 6	—	10	—	6 —
N° 7	—	8	—	7 —
N° 8	—	5	—	8 —
N° 9	—	5	—	9 —
N° 10	—	5	—	10 —
N° 11	—	4	—	11 —
N° 12	—	4	—	12 —
N° 13	—	2	—	13 —
N° 14	—	2	—	14 —
N° 15	—	2	—	15 —
N° 16	—	2	—	16 —
N° 17	—	2	—	17 —
N° 18	—	2	—	18 —
N° 19	—	2	—	20 —
N° 20	—	2	—	24 —

EXERCICES SUR LA MESURE A $\frac{6}{8}$

N° 1	Former	5	mesures à $\frac{6}{8}$ avec	1 note pour chaque mesure
N° 2	—	10	—	2 —
N° 3	—	10	—	3 —
N° 4	—	10	—	4 —
N° 5	—	10	—	5 —
N° 6	—	10	—	6 —
N° 7	—	8	—	7 —
N° 8	—	8	—	8 —
N° 9	—	8	—	9 —
N° 10	—	5	—	10 —
N° 11	—	5	—	11 —
N° 12	—	5	—	12 —
N° 13	—	4	—	15 —
N° 14	—	2	—	18 —
N° 15	—	2	—	20 —
N° 16	—	2	—	25 —
N° 17	—	2	—	30 —
N° 18	—	2	—	36 —
N° 19	—	2	—	40 —
N° 20	—	2	—	48 —

EXERCICES SUR LA MESURE A $\frac{9}{8}$

N° 1	Former	6	mesures à $\frac{9}{8}$ avec	1	note pour chaque mesure
N° 2	—	8		2	
N° 3	—	10		3	
N° 4	—	10		4	
N° 5	—	10		6	
N° 6	—	10		7	
N° 7	—	10		8	
N° 8	—	8		9	
N° 9	—	8		10	
N° 10	—	6		12	
N° 11	—	5		14	
N° 12	—	4		16	
N° 13	—	4		18	
N° 14	—	4		20	
N° 15	—	2		24	
N° 16	—	2		30	
N° 17	—	2		40	
N° 18	—	2		50	
N° 19	—	2		60	
N° 20	—	2		72	

EXERCICES SUR LA MESURE A $\frac{12}{8}$

N° 1	Former	5	mesures à $\frac{12}{8}$ avec	1	note pour chaque mesure
N° 2	—	8		2	
N° 3	—	10		3	
N° 4	—	10		4	
N° 5	—	10		6	
N° 6	—	10		8	
N° 7	—	10		10	
N° 8	—	8		11	
N° 9	—	8		12	
N° 10	—	5		14	
N° 11	—	5		16	
N° 12	—	4		18	
N° 13	—	4		20	
N° 14	—	2		24	
N° 15	—	2		31	
N° 16	—	2		40	
N° 17	—	2		50	
N° 18	—	2		60	
N° 19	—	2		80	
N° 20	—	2		96	

TROISIÈME SÉRIE
Mesures incorrectes à corriger

Dans les exercices suivants on a introduit à dessein un nombre de valeurs supérieur à celui que doit contenir la mesure indiquée. L'élève devra trouver et retirer les valeurs qui sont de trop dans la mesure.

Un exemple fera comprendre ce genre d'exercice.

DEMANDE. Etant donnée cette mesure: trouver la valeur qui excède le nombre que doit contenir la mesure et la retirer.

RÉPONSE. La mesure à 6/8 ne doit contenir que six croches. C'est une croche qu'il faut retirer de cette mesure dans laquelle il y en a sept d'écrites.

On devra procéder de la même manière dans les exercices suivants.

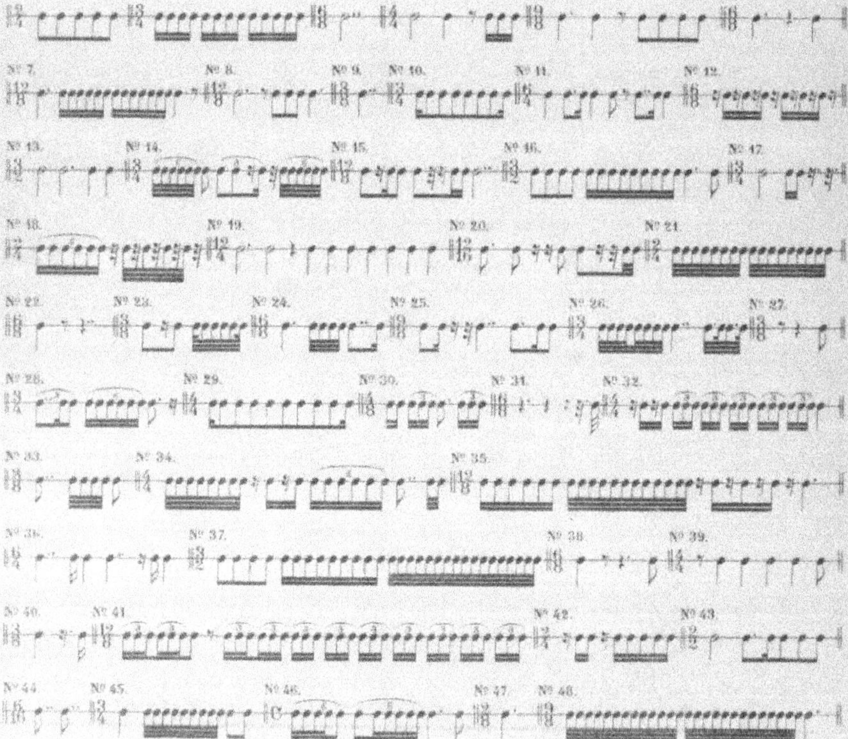

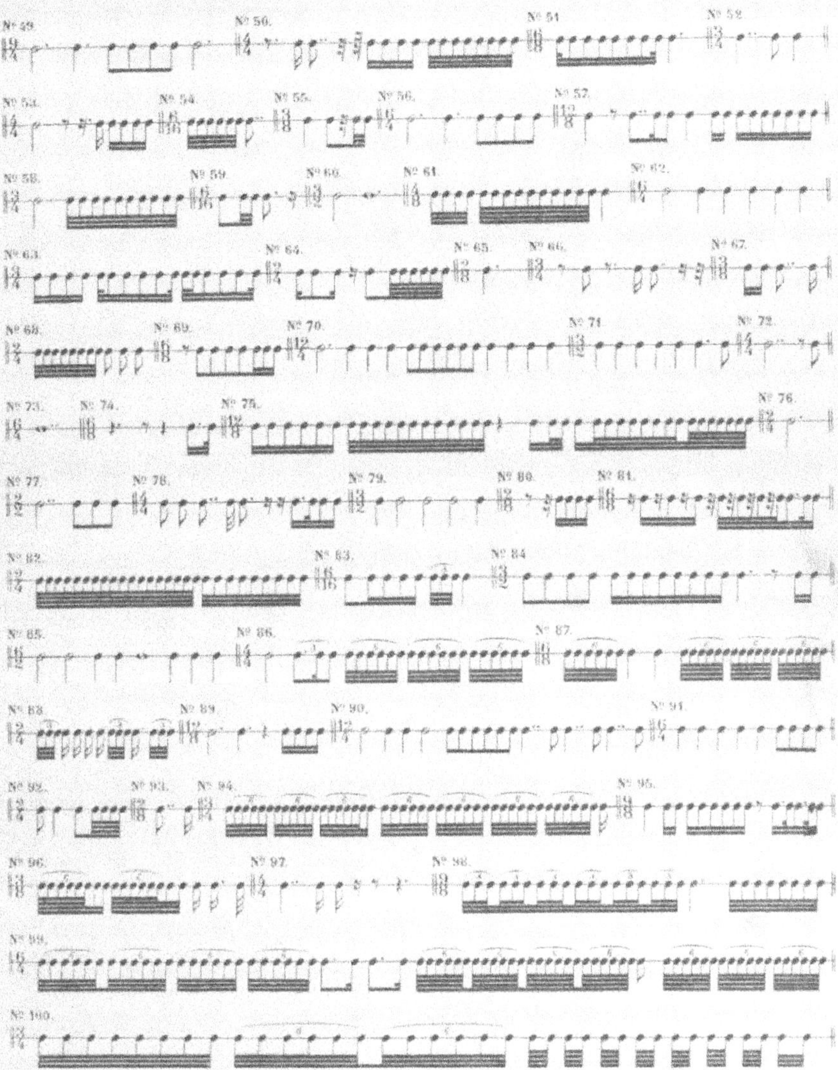

QUATRIÈME SÉRIE

Consistant à chiffrer chacune des mesures écrites dans les leçons suivantes

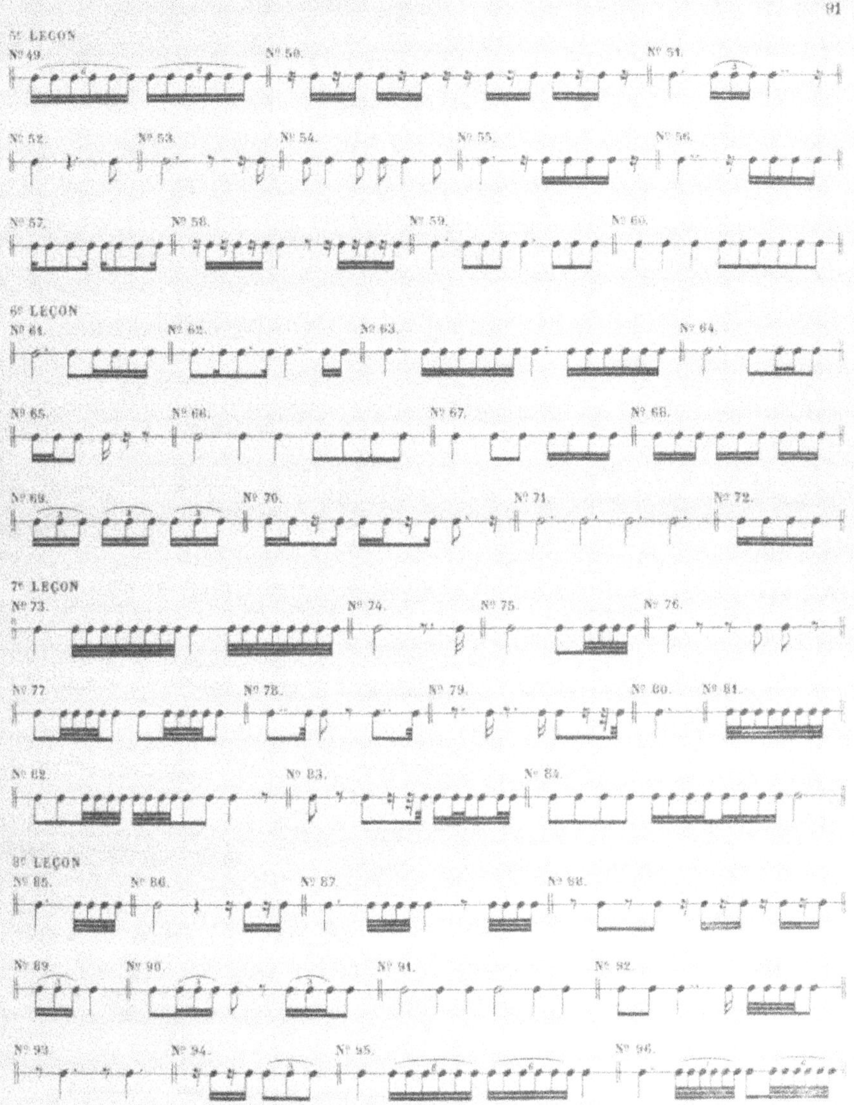
5e LEÇON
Nº 49.
Nº 50.
Nº 51.
Nº 52.
Nº 53.
Nº 54.
Nº 55.
Nº 56.
Nº 57.
Nº 58.
Nº 59.
Nº 60.
6e LEÇON
Nº 61.
Nº 62.
Nº 63.
Nº 64.
Nº 65.
Nº 66.
Nº 67.
Nº 68.
Nº 69.
Nº 70.
Nº 71.
Nº 72.
7e LEÇON
Nº 73.
Nº 74.
Nº 75.
Nº 76.
Nº 77.
Nº 78.
Nº 79.
Nº 80.
Nº 81.
Nº 82.
Nº 83.
Nº 84.
8e LEÇON
Nº 85.
Nº 86.
Nº 87.
Nº 88.
Nº 89.
Nº 90.
Nº 91.
Nº 92.
Nº 93.
Nº 94.
Nº 95.
Nº 96.

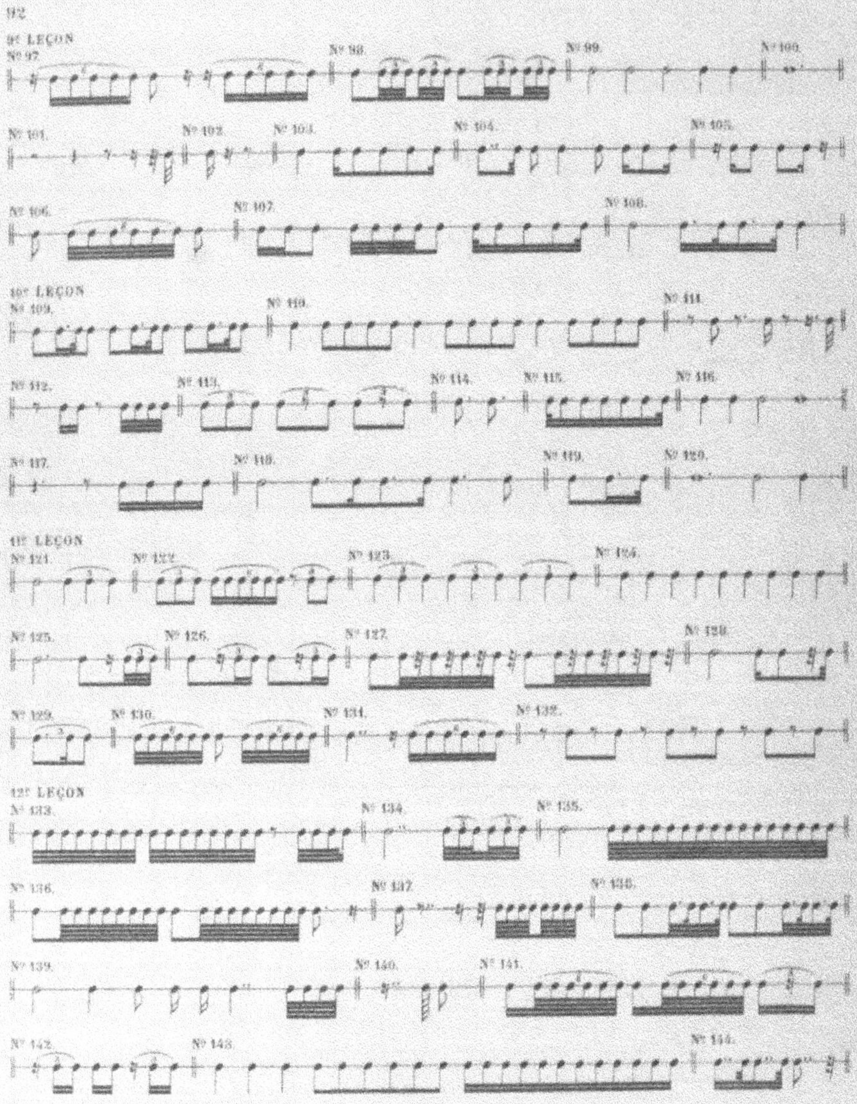
9e LEÇON
N° 97.
N° 98.
N° 99.
N° 100.
N° 101.
N° 102.
N° 103.
N° 104.
N° 105.
N° 106.
N° 107.
N° 108.
10e LEÇON
N° 109.
N° 110.
N° 111.
N° 112.
N° 113.
N° 114.
N° 115.
N° 116.
N° 117.
N° 118.
N° 119.
N° 120.
11e LEÇON
N° 121.
N° 122.
N° 123.
N° 124.
N° 125.
N° 126.
N° 127.
N° 128.
N° 129.
N° 130.
N° 131.
N° 132.
12e LEÇON
N° 133.
N° 134.
N° 135.
N° 136.
N° 137.
N° 138.
N° 139.
N° 140.
N° 141.
N° 142.
N° 143.
N° 144.

13e LEÇON
Nº 145.
Nº 146.
Nº 147.
Nº 148.
Nº 149.
Nº 150.
Nº 151.
Nº 152.
Nº 153.
Nº 154.
Nº 155.
Nº 156.
14e LEÇON
Nº 157.
Nº 158.
Nº 159
Nº 160.
Nº 161
Nº 162.
Nº 163.
Nº 164.
Nº 165.
Nº 166.
Nº 167.
Nº 168.
15e LEÇON
Nº 169.
Nº 170.
Nº 171.
Nº 172.
Nº 173.
Nº 174.
Nº 175.
Nº 176.
Nº 177.
Nº 178.
Nº 179.
Nº 180.
16e LEÇON
Nº 181.
Nº 182.
Nº 183.
Nº 184.
Nº 185.
Nº 186.
Nº 187.
Nº 188.
Nº 189.
Nº 190.
Nº 191.
Nº 192.

94

17ᵉ LEÇON

Nº 193.
Nº 194.
Nº 195.
Nº 196.
Nº 197.
Nº 198.
Nº 199.
Nº 200.
Nº 201.
Nº 202.
Nº 203.
Nº 204.
18ᵉ LEÇON
Nº 205.
Nº 206.
Nº 207.
Nº 208.
Nº 209.
Nº 210.
Nº 211.
Nº 212.
Nº 213.
Nº 214.
Nº 215.
Nº 216.
19ᵉ LEÇON
Nº 217.
Nº 218.
Nº 219.
Nº 220.
Nº 221.
Nº 222.
Nº 223.
Nº 224.
Nº 225.
Nº 226.
Nº 227.
Nº 228.

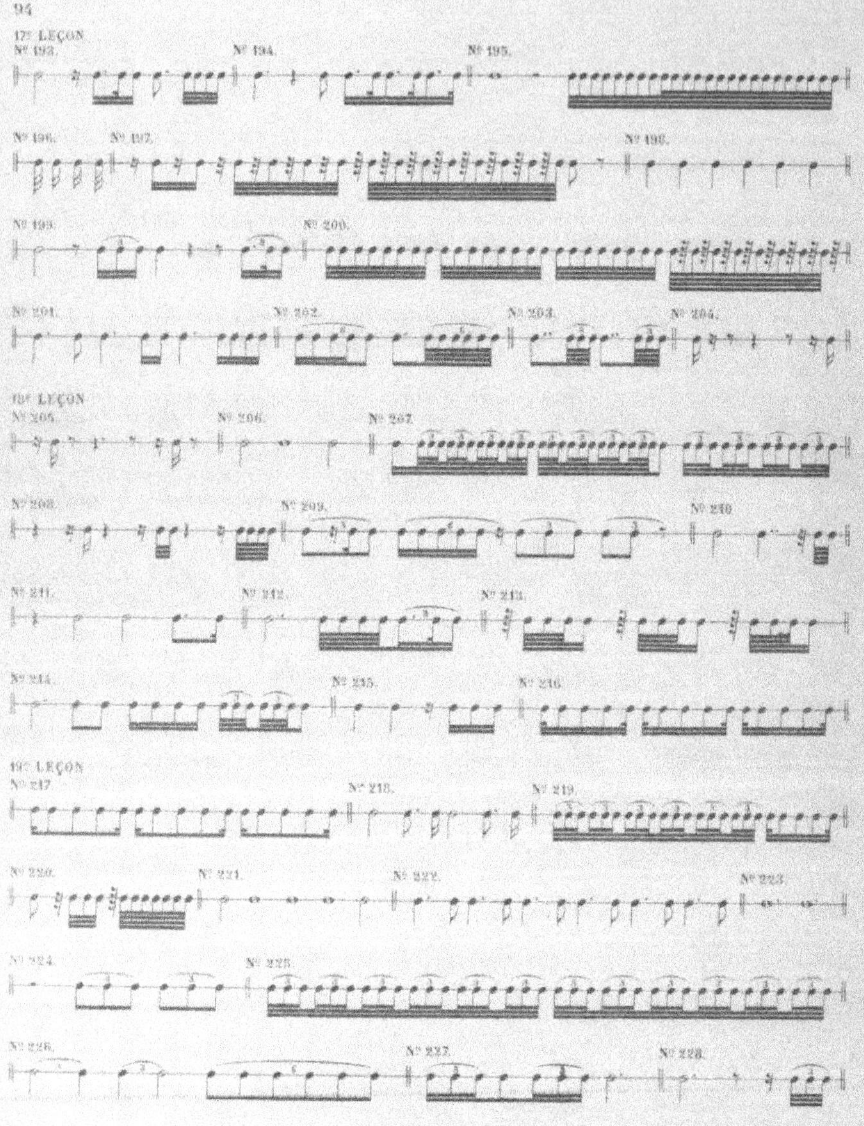

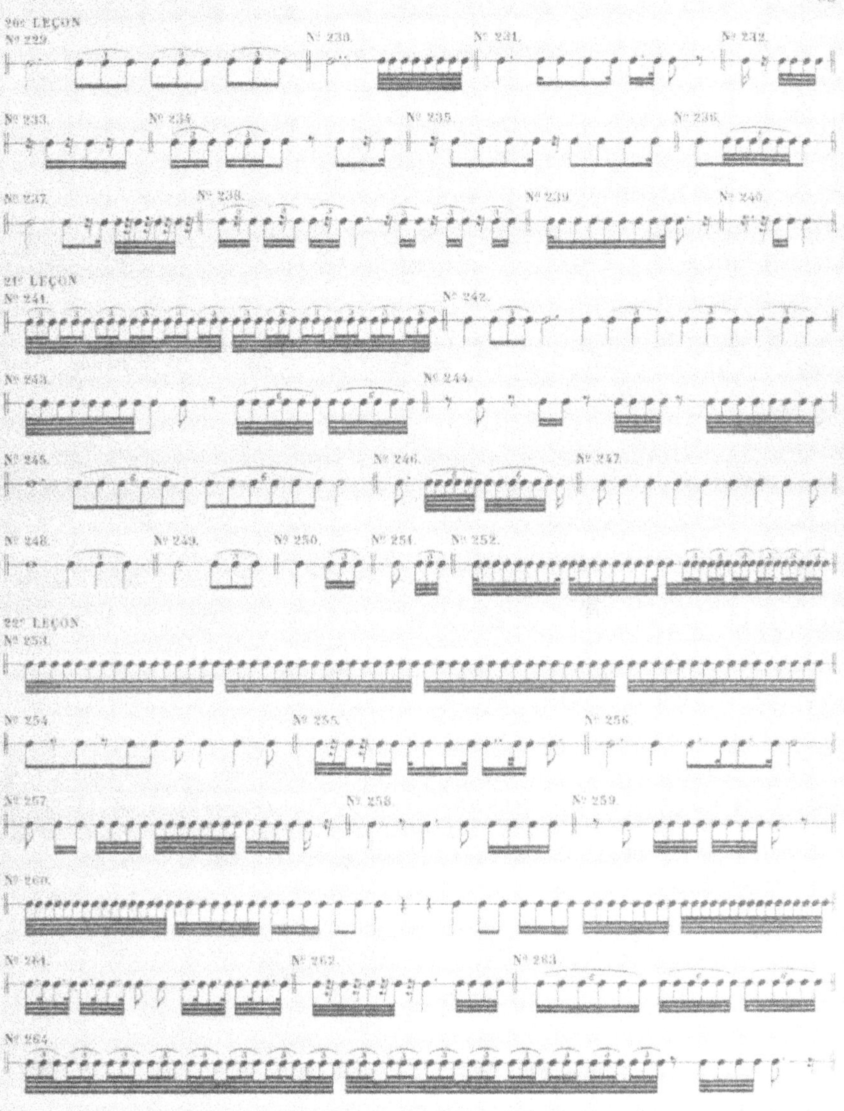

20e LEÇON
No 229.
No 230.
No 231.
No 232.
No 233.
No 234.
No 235.
No 236.
No 237.
No 238.
No 239.
No 240.
21e LEÇON
No 241.
No 242.
No 243.
No 244.
No 245.
No 246.
No 247.
No 248.
No 249.
No 250.
No 251.
No 252.
22e LEÇON
No 253.
No 254.
No 255.
No 256.
No 257.
No 258.
No 259.
No 260.
No 261.
No 262.
No 263.
No 264.

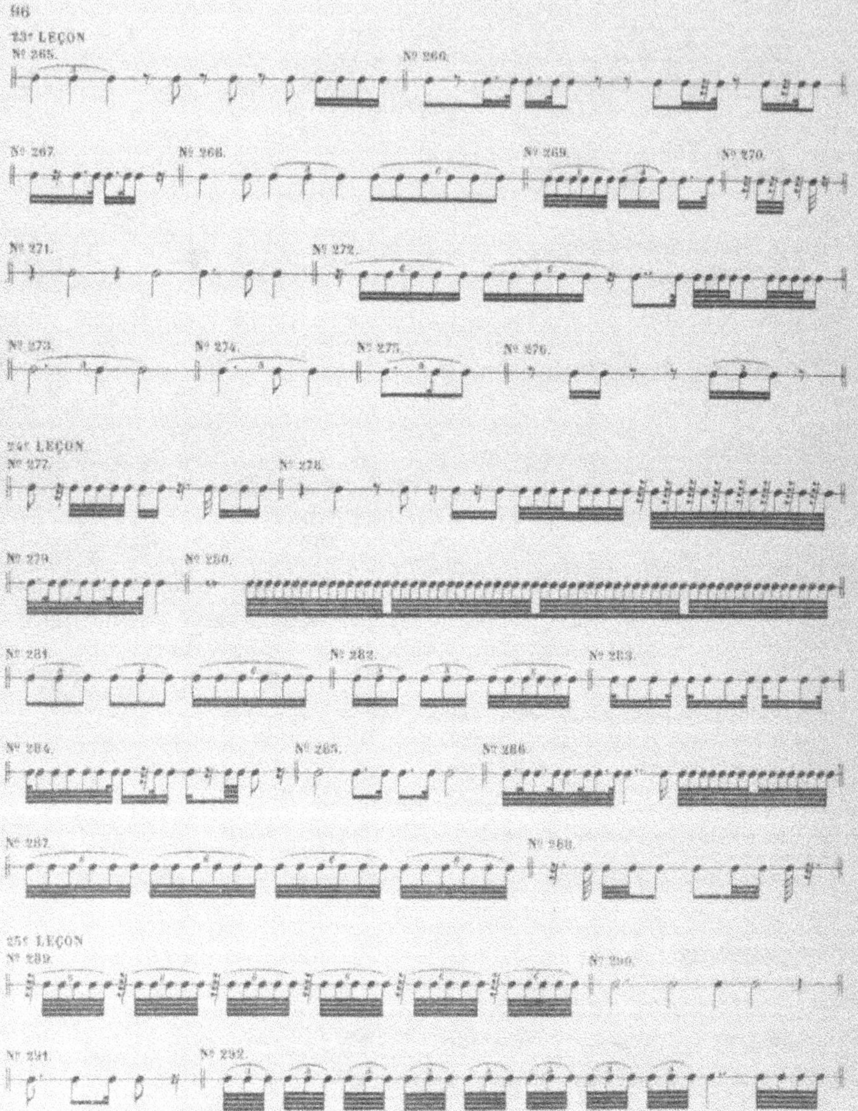
96
23e LEÇON
No 265.
No 266.
No 267.
No 268.
No 269.
No 270.
No 271.
No 272.
No 273.
No 274.
No 275.
No 276.
24e LEÇON
No 277.
No 278.
No 279.
No 280.
No 281.
No 282.
No 283.
No 284.
No 285.
No 286.
No 287.
No 288.
25e LEÇON
No 289.
No 290.
No 291.
No 292.
E. & C. 6195.

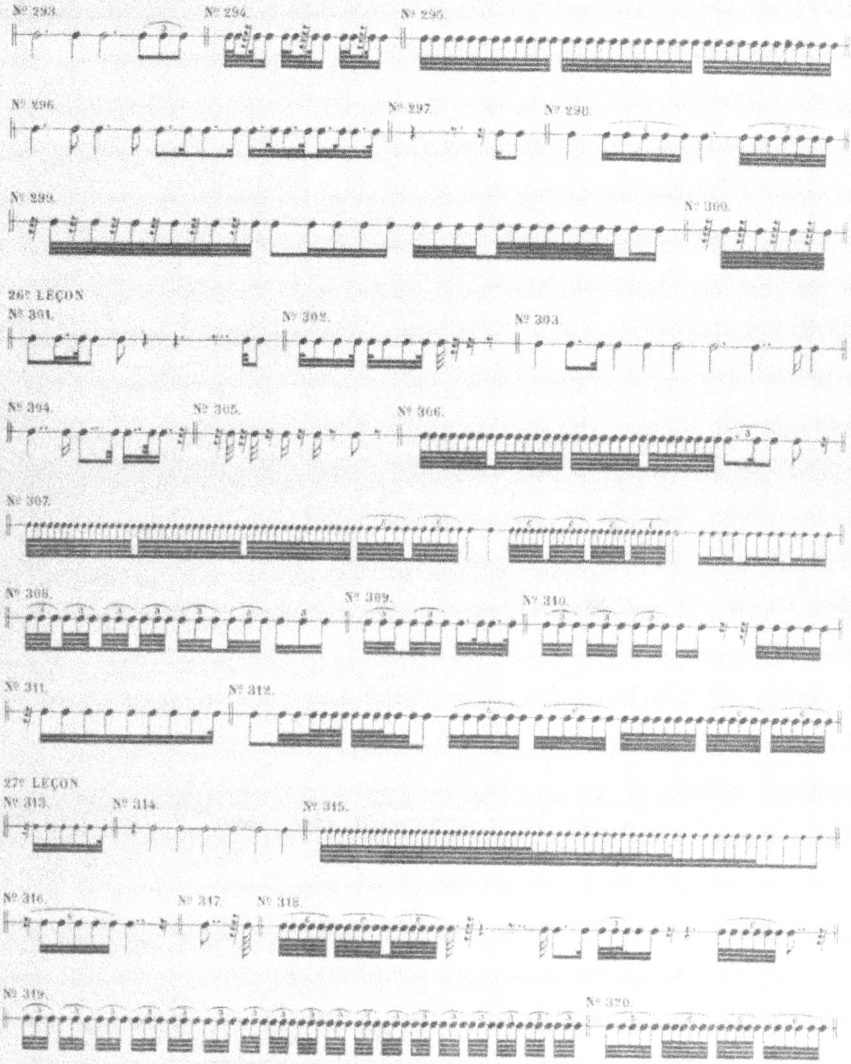
Nº 293.
Nº 294.
Nº 295.
Nº 296.
Nº 297.
Nº 298.
Nº 299.
Nº 300.
26e LEÇON
Nº 301.
Nº 302.
Nº 303.
Nº 304.
Nº 305.
Nº 306.
Nº 307.
Nº 308.
Nº 309.
Nº 310.
Nº 311.
Nº 312.
27e LEÇON
Nº 313.
Nº 314.
Nº 315.
Nº 316.
Nº 317.
Nº 318.
Nº 319.
Nº 320.

E. & C. 6123.

CINQUIÈME SÉRIE

Consistant à chiffrer de plusieurs manières une même mesure

Chiffrer de deux manières chacune des mesures suivantes.

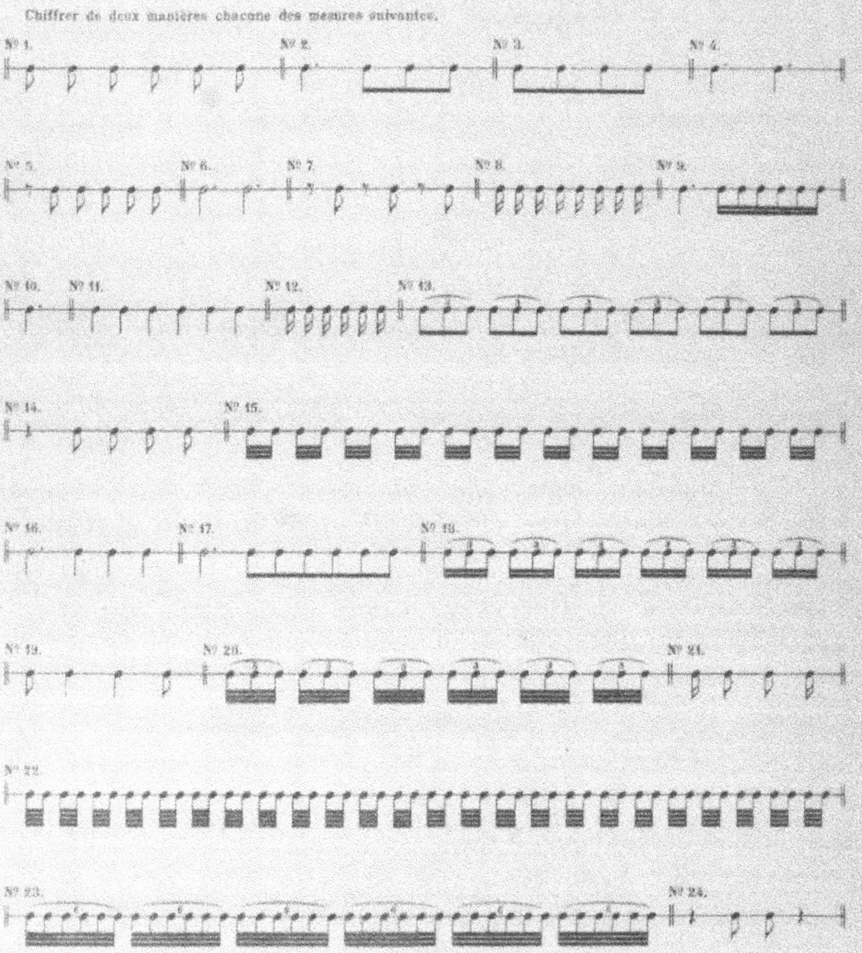

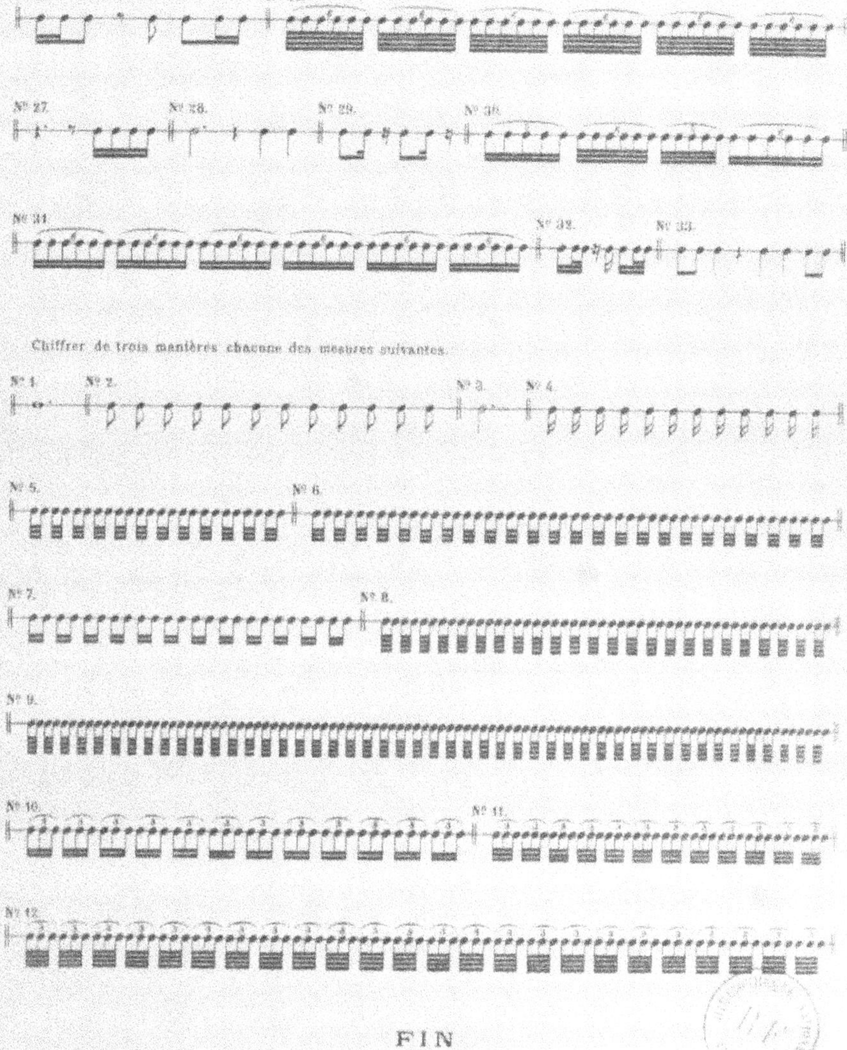

FIN

Ad. Tibout, grav.   E. & C. 6195.   Paris, Imp. E. Dupré.

9 782329 227726